- 宗庆后42岁创办娃哈哈，只要你有激情、有梦想、有野心、有渴望，什么时候创业都不算晚！
- 娃哈哈宗旨：娃哈哈 健康你我他 欢乐千万家
- 娃哈哈精神：励精图治 艰苦奋斗 勇于开拓 自强不息
- 娃哈哈经营哲学：凝聚小家 发展大家 报效国家
- 娃哈哈座右铭：先将诚信施于人 才能取信于人

娃哈哈，多元发展

宗庆后如何实现梦想

杨 华 编著

SPM
南方出版传媒
广东经济出版社
·广州·

图书在版编目（CIP）数据

娃哈哈，多元发展：宗庆后如何实现梦想/杨华编著．—广州：广东经济出版社，2018.3
ISBN 978－7－5454－5870－1

Ⅰ．①娃…　Ⅱ．①杨…　Ⅲ．①饮料－食品企业－企业史－杭州　Ⅳ．①F426.82

中国版本图书馆CIP数据核字（2017）第266517号

出 版 人：姚丹林
责任编辑：李惠玉　程梦菲
责任技编：谢　莹
装帧设计：李康道

出版发行	广东经济出版社（广州市环市东路水荫路11号11～12楼）
经销	全国新华书店
印刷	广东省农垦总局印刷厂（广州市天河区棠东路横岭三路11～13号）
开本	730毫米×1020毫米　1/16
印张	12.5
字数	197 000字
版次	2018年3月第1版
印次	2018年3月第1次
书号	ISBN 978－7－5454－5870－1
定价	36.00元

如发现印装质量问题，影响阅读，请与承印厂联系调换。
发行部地址：广州市环市东路水荫路11号11楼
电话：（020）37601950　邮政编码：510075
邮购地址：广州市环市东路水荫路11号11楼
电话：（020）37601980　营销网址：http://www.gebook.com
广东经济出版社新浪官方微博：http://e.weibo.com/gebook
广东经济出版社常年法律顾问：何剑桥律师

PREFACE | 前言

娃哈哈的官方网站是这样介绍他们自己的：

娃哈哈立志成为业绩一流、责任恒久、基业长青的龙头企业。

坚持发展实体经济、发展先进制造业、抢占战略性新兴产业，在巩固饮料行业龙头地位的同时，逐步进军奶粉、机械、印刷等新产业，实现多元化发展，向世界500强进军。

当前，娃哈哈的创始人宗庆后正带领着娃哈哈朝着目标一步步前行，他们始终坚持以创新为企业发展的不竭动力，不断提升企业的技术实力，在瞬息万变的竞争中牢牢把握着市场主动权。娃哈哈开发出的产品不仅引导了消费潮流，丰富了人民的生活，也推动了中国饮料行业的健康快速发展。娃哈哈已拥有通过中国合格评定国家认可委员会（CNAS）认可的实验室、国家级企业技术中心、博士后科研工作站，拥有强大的食品饮料自主研发能力，具备各类产业化实施技术以及生产线配套设计、制造、安装和调试能力，能自己开发模具并制造设备替代部分进口设备。公司积极参与40多项国家标准、行业标准及国家部门法规的制（修）订，推动中国饮料行业与国际饮料技术水平接轨。

宗庆后42岁创办娃哈哈，任正非44岁创办华为，陶华碧49岁创办老干妈，只要你有激情、有梦想、有野心、有渴望，什么时候创业都不算晚！商业记者们习惯形容宗庆后为“霸王”，因为一个拥有15家分公司、3万名员工的庞大企业，至今只设一个董事长和一个总经理，而且都由他一人担任。

娃哈哈从一个不起眼的校办经营部起步，后崛起为中国饮料界首屈一指的大生产商。其掌门人宗庆后，更是在2010年超越网络经济的代表人物李彦宏以及从事重工业的风云人物梁稳根，成为当年新晋首富。宗庆后凭借几元一瓶的饮料，荣登中国财富榜之首，对于传统行业来说，这是首次。2012年，宗庆后再次超越百度老总李彦宏，第二次成为中国首富。2013年，宗庆后第三次成为中国首富。

娃哈哈的成功吸引了很多人对其进行研究，因此我们编写了《娃哈哈，多元发展——宗庆后如何实现梦想》一书，从以下9个部分为读者讲述娃哈哈和它的当家人——宗庆后的奋斗史，希望读者能从中得到一些启迪和正能量。

★娃哈哈，践行中国制造2025

★娃哈哈与宗庆后

★娃哈哈的诞生与发展

★娃哈哈，产品

★娃哈哈，国际化战略

★娃哈哈，合作共赢不可少

★娃哈哈，竞争促发展

★娃哈哈，企业“家”文化

★娃哈哈，重社会责任

在不同人的眼中，娃哈哈有着不同的形象，编者只是从个人的思维角度出发对娃哈哈进行观察和解读。在本书的编写过程中，由于编者水平有限，加之时间仓促，错误疏漏之处在所难免，敬请读者批评指正。同时，部分图片与文字内容引自互联网媒体，其中有些未能一一与原作者取得联系，请原作者看到本书后及时与编者联系，以便支付稿酬。

编者

2018年1月

CONTENTS | 目　录

宗庆后说：“很多年过去了，我依然清楚记得那一天的情景：1987年夏天的一个下午，天气闷热，杭州的小巷子里见不到人影。我骑车出了家门，去干一件有些冒险的事情——靠借来的14万元，去接手一家连年亏损的校办工厂。”

提到娃哈哈，你会想到什么？营养快线？纯净水？八宝粥？……娃哈哈的产品涵盖含乳饮料、瓶装水、碳酸饮料、茶饮料、果汁饮料、罐头食品、医药保健品、休闲食品、婴儿奶粉等11大类160多个品种。

第五章　娃哈哈，合作共赢不可少 / 85

“诚信”与“双赢”是娃哈哈与供应商、经销商合作的基本原则，娃哈哈坚持“自己要赚钱，首先要让别人赚钱”的理念，并且把这种理念推广到与其他领域的合作上。

导读
娃哈哈，践行中国制造2025

工匠精神，品质担当

2016年年初，宗庆后参加全国“两会”时表示，科技含量低和缺乏工匠精神导致我国制造业“大而不强”。发扬工匠精神，提高产品质量和附加值是当务之急。

娃哈哈生产基地每年都要举办以“工匠精神，品质担当”为主题的质量持续改进活动。通过完善全员、全过程、全面质量管理体系，细化“后道监督前道”制度，建立和落实集团、片区、分公司三级质量管理责任，并积极培育员工的工匠精神，以品质赢得行业领先和消费者的信赖。

质量安全

作为饮料行业的龙头企业，娃哈哈对质量安全的研究从未间断，并从生产性控制向预防性控制发展。重点加强对食品安全快速检测技术、危害评估方法和包装材料安全评价等影响食品安全的关键技术的研究，提高产品质量安全的事前预测和事先控制能力，并专门成立市场督查部，做到每一瓶产品从原料供应、组织生产及最终到达消费者手中的全程监控，以确保食品安全。

“中国制造2025”的先行者

在此基础上，娃哈哈在饮料行业率先践行“中国制造2025”。“食品饮料流程制造智能化工厂项目”入选全国首批工信部2015年智能制造试点示范项目，再度填补国内空白。娃哈哈经过多年探索和研发，着力打造一个涵盖客户下单、生产调度、采购等完整产业链的大数据工业信息化体系，将传统制造自动化和互联网技术深度融合，实现了对全国所有分公司的物料、资金、信息等资源进行集中信息管控。目前，娃哈哈已实现客户通过互联网便捷下单。

机器人

在跨界地产、白酒等行业后，娃哈哈又有了新的目标：机器人。从2013年起，公司先后加入了中国机器人产业联盟、浙江省机器人产业技术联盟、杭州市机器人协会，被认定为杭州市机器换人优势服务企业和示范应用企业，产品入选首批“浙江省精品制造”。2016年有100台机器人工作站投入使用。这些设备实现了小箱装大箱及普通产品码垛的功能，节约了劳动力，降低了劳动强度。

多年来，娃哈哈恪守初衷，积极践行中国制造向中国创造、中国速度向中国质量、中国产品向中国品牌的转变，为提升我国高端机电装备的核心竞争力和工业4.0时代的数字化生产做出自己的贡献。

相关链接》》

娃哈哈集团董事长宗庆后谈2017年的“小目标”

娃哈哈集团董事长宗庆后谈2017年的“小目标”——把实业干出一番新名堂。

娃哈哈集团董事长宗庆后用“不怎么样”四个字，总结了娃哈哈2016年的表现，然而这并没有改变宗庆后每年给员工涨工资的“规矩”。随后，他又用“劲还很足”四个字，给出了娃哈哈在2017年即将发生的新变化：把实业干出一番新名堂。

在2017年1月26日的娃哈哈年夜饭上，宗庆后用寥寥数语谈起了2017年的“小目标”：“在公司创立30周年之际，大家要撸起袖子加油干，新的一年希望企业再创辉煌、希望员工安居乐业。”

创新才有实力

从1987年到2017年，娃哈哈走到了三十而立的当口。

1. 娃哈哈的实力

“娃哈哈一直能健康发展关键在于不断创新。在条件较差时是跟进创新，比如说钙奶好卖的时候，就做AD钙奶，促进钙的吸收，就比别人领先了。有点实力之后是引进创新，我们引进美国的先进技术。再有实力后，大量引进科研开发人员，开始自主创新，比如营养快线，卖得最好的时候一年卖了4亿箱。”宗庆后说，和可乐、雪碧横行市场的时候不同，中国食品饮料行业已经拥有最先进的设备和科研能力，正在引导世界食品饮料行业的发展。

2. 中国食品饮料行业发展

近年来，一直有一种论调：中国食品饮料行业已经进入寒冬。而2016年国内食品饮料企业的业绩表现给了这种论调一个有力回击。统计显示，2016年前三季度国内有16家食品饮料企业营业收入增幅在10%以上。2016年下半年，娃哈哈的业绩开始恢复正常。

3. 娃哈哈新品粥

2017年1月，娃哈哈推出小米养生粥和百合莲子粥两款新品粥，当月订购量就达300万箱。宗庆后认为，当前的食品饮料行业正在渐渐从安全转向健康，要去想怎么适应年轻人的心理和消费习惯，所以他主张开发这两款粥。这两款粥受到消费者的欢迎，宗庆后庆幸自己找对了门路。

技术引领未来

1. 消费需求的表现

经济新常态下，多样化、个性化的消费需求已经成为企业在供给端转型的重要命题。2016年，我国社会消费品零售总额332316亿元，比上年增长10.4%。数据表明，在投资、出口、消费三者中，消费拉动经济增长的幅度最大。

2. 创新供给

宗庆后十分清楚创新供给、释放消费潜力的重要性。面对消费者消费层次的提升，企业要做的是增加有效供给，最大限度地让供给侧的产品升级和需求端的消费升级逐步衔接。

3. 进军高新技术领域

在脚踏实地做好产品的同时，宗庆后还要进军高新技术领域。在2016年杭商大会上，宗庆后把以色列的大学、研究机构及其研究成果，带到了中国企业面前。“以色列创新技术好，但市场小，所以我想让它们的技术到中国来发展，优势互补。”

宗庆后正在筹备“杭州国际科创小镇”，准备与以色列佩雷斯中心、中科院等研究机构加强合作，瞄准全球创新高地，建立创新成果与产业无缝对接转化的应用机制，从而为杭州、浙江的企业转型升级提供技术支撑，创造弯道超车的机会。

员工富则企业强

1. 年终奖增加50%

2017年年初，娃哈哈内部下发公文：考虑到物价上涨较快，员工生活压力较大，2016年在原核定年终奖额度的基础上增加50%。此外，娃哈哈实行全员持股，每年公司员工都能享受分红，2016年每股税前分红达0.80元。

2. 为什么增加年终奖

出门坐二等座的老板，之所以对员工如此大方，背后是一组巧妙的逻辑关系。

“我认为企业家有能力了，应该主动给员工增加收入，员工收入增加了，就能拉动内需，经济就活起来了，企业日子也就好过了。想搞好企业要靠全体员工的努力，如果员工和企业利益共享，那么企业也会做得比较好。所以我建议全员持股，员工有了分红的收入，收入提高也是很快的。”宗庆后说。

3. 员工强则竞争力强

“消费能持续拉动经济增长的前提是，收入必须不断增加。要持续提高收入，必须提高劳动生产率水平，这就需要技术不断创新，产业不断升级。”在宗庆后看来，经济下行压力越大，越是看企业真本事的时候，只有对内解决员工后顾之忧，对外提升企业竞争力，才能勇立潮头。

……

第一章 娃哈哈与宗庆后

导言：

宗庆后是娃哈哈的创始人，现任杭州娃哈哈集团有限公司董事长兼总经理，并担任浙江省饮料工业协会会长、第十一届全国人大代表。

第一节　众所周知的娃哈哈

娃哈哈简介

杭州娃哈哈集团有限公司（以下简称“娃哈哈”或“娃哈哈集团”）创建于1987年，为目前中国前五的食品饮料生产企业，在销售收入、利润、税收等指标上已连续11年位居中国饮料行业首位。

娃哈哈经营现状

娃哈哈的企业规模和经济效益已连续18年位居中国饮料行业第一，为中国500强企业、中国民营500强企业。至今公司现金充沛，没有一分钱银行贷款，“娃哈哈”为中国驰名商标、中国名牌。

娃哈哈依托其在中国建立的遍布全国各地的近1万家经销商、十几万家批发商和300多万个零售终端的强大销售网络，一直保持健康快速发展，且在中国及国际上与各类合作伙伴交易中享有极好的信誉。

娃哈哈公司现状

娃哈哈除食品饮料研发、制造外，同时有2个精密机械制造公司，自己设计开发、制造模具和饮料生产装备，另外还有印刷厂、香精厂。公司近年开始向菌种、酶制剂、机电等高新技术产业发展，目前已形成自己的菌种资源库，正在建设菌种厂，已开发出节能电机及机器人，成为食品饮料行业中唯一具备自行研发、自行设计，以及自行生产模具、饮料生产装备和工业机器人能力的企业。

相关链接

娃哈哈荣膺G20杭州峰会特级赞助商冠名　峰会保障工作获各方肯定

2016年9月28日，杭州市G20峰会总结表彰大会在国际博览中心举行，娃哈哈以其在峰会期间的卓越贡献荣膺“G20杭州峰会特级赞助商”最高冠名，公司550毫升晶钻纯净水、19升桶装水荣膺“G20杭州峰会指定产品”称号。

G20杭州峰会特级赞助商冠名

作为我国承办的规格最高的一次国际性会议，同时也是2016年最重要的主场外交活动，此次G20峰会，杭州向全世界展示了历史与现实交融的独特魅力；而作为杭州本土企业的代表，娃哈哈也通过保障峰会工作用水，展示了饮料龙头企业的卓越风采。为保障峰会顺利召开，此次公司共配送550毫升晶钻纯净水逾700万瓶，19升桶装水1350桶，配送人群涵盖杭州市G20峰会领导小组下设所有组织机构及工作人员，服务约10万人，配送点覆盖杭州主城区、萧山、余杭等共计80余个，配送批次逾200次。组委会各部门高度肯定和赞扬了公司的产品和服务，认为公司产品安全可靠、配送规范及时、服务细致周到、沟通顺畅有序，为保障G20峰会的顺利召开做出了积极贡献。

G20杭州峰会指定产品

G20峰会感谢状

为感谢娃哈哈公司对峰会的支持，峰会领导小组特向其授予“感谢状”，并表示：“在参与过程中，公司展示出了风采，展示出了能力，展示出了特色，更展现了企业实业报国的理想、回报社会的情怀、积极有为的担当。有了这份情怀和担当，相信我们的企业会走得更远，发展得更好，明天会更加美好！”而此前，杭州市公安局警务保障部给公司送来“真情相助永铭心，携手保障G20”的锦旗，感谢公司在峰会期间为5万名安保人员提供工作用水，为保障峰会安全举行贡献了力量。

获得锦旗

组委会各方的肯定离不开公司各部门的共同努力和默默付出。启力食品公司及时生产、保质保量供应峰会定制版晶钻纯净水；外联办整体统筹、销售公司调度得力，运输公司、饮用水公司则在面临公司正常经营配送任务和峰会工作用水配送的双重压力下，在时间紧、任务重、天气酷热的情况下，不怕苦、不怕累，圆满完成了各项配送任务。娃哈哈人用团结拼搏的精神，在世界盛会的舞台上展示了公司良好的品牌形象！

相关链接

坚持与担当，让娃哈哈品牌更响亮

一条条祈福的红围巾，一桌桌丰盛的年夜饭，把新春联欢会现场装扮得喜气洋洋。2月5日下午，在传统佳节猴年春节到来之际，中国饮料龙头企业娃哈哈在下沙生产基地举行简朴而又热闹的年夜饭。800余名留杭过年的外来青工美滋滋地聚在一起，一边欣赏娃哈哈艺术团的精彩表演，一边享受公司精心准备的团圆饭。

与往年一样，娃哈哈集团董事长宗庆后亲临现场，全体员工齐刷刷起立报以热烈的掌声。这位慈祥的大家长，向员工敬酒、发红包，感谢他们一年来的辛勤付出。活动现场设置了丰富的抽奖环节，红旗出版社出版的新书《宗庆后万有引力原理》作为开年特别奖。抽奖结果公布后，宗庆后为30名幸运员工送上了亲笔签名的图书，并合影留念，场面十分温馨感人。

……

请外来青工吃年夜饭，这是娃哈哈的传统。28年来，这一桌桌年夜饭见证了娃哈哈从昔日不为人知的校办小厂，成长为如今家喻户晓、在国际上也有相当知名度的中国民族品牌的历程。记者从联欢会获悉，在由中国品牌建设促进会、中央电视台、中国国际贸易促进委员会等单位联合发布的“2015年品牌价值评价信息榜单”中，娃哈哈以516.96亿元的品牌价值，位列“酒水饮料”类别第一名，领先第二名近350亿元！随着社会的发展，时代的进步，社会对企业公民责任的呼声越来越高，消费者对企业责任和企业公众形象越来越重视，企业对社会责任的履行状况也日益成为评价一个品牌好坏的重要尺度。正是20多年的坚持和担当，铸就了“娃哈哈”这个闪光的品牌。

企业应当如何履行社会责任？宗庆后认为：“评价一个企业是否履行了社会责任，最重要的几个标准应该是：企业是否依法纳税了、是不是为社会创造了有价值的产品、是否最大限度地满足了员工身心发展的需求？第一条是对国家和社会负责，第二条是对广大消费者负责，第三条是对自己的员工负责。”

娃哈哈是这么说的，也是这么做的。

纳税大户：一天上缴税金超过1500万元

2016年1月21日，由人民网主办的“担当的力量——第十届人民企业社会责任奖”颁奖盛典在北京举行，旨在表彰在经济下行压力下，稳定企业发展的同时仍不忘履行社会责任的企业和个人。宗庆后荣获“十周年特别致敬人物奖”，这是对他长达10年的一个时间跨度的肯定，也是对他作为一个企业家在履行社会责任方面“一以贯之”的认可。

诚信经营、依法纳税是企业应尽的义务。在杭州市萧山区公布的2015年度缴纳税收500万元以上独立企业荣誉榜榜单中，14家娃哈哈子公司榜上有名；税收超过1亿元的22家企业中，娃哈哈就占了4家。娃哈哈14家上榜企业，合计为萧山区政府纳税12.5982亿元。这些企业只是娃哈哈遍布全国各地、庞大饮料王国的一部分。

据介绍，在过去的一年，娃哈哈克服经济下行压力以及网络谣言带来的不利因素，依然取得了较好的业绩，各项经济指标连续18年领跑饮料行业，2015年上缴税金56亿元。以2015年税金计算，娃哈哈平均每天向国家上缴税金超过1500万元，每位员工平均向国家上缴税金20万元。

卓越质量：不断满足消费者对产品的健康需求

2015年12月28日，“质量之光”年度质量盛典在人民大会堂举行。娃哈哈作为唯一的饮料生产企业，凭借优异的产品质量和高度的社会责任感，荣获“质量之光——年度魅力品牌”称号。正是依靠卓越的产品质量和营养健康的理念，娃哈哈的品牌价值一年比一年高，一年比一年响亮。从儿童营养液到八宝粥、AD钙奶再到营养快线，娃哈哈一直将“生产具有真正使用价值的产品”作为产品的核心价值观，坚持走“品质高档化、价格大众化”的品牌路线，通过持续的产品创新，赢得了市场与消费者的信赖。

最近推出的创新产品——爱迪生奶酪酸奶、“百维特”高蛋白奶昔产品，满足了不同消费者对健康的需求。爱迪生奶酪酸奶，是由娃哈哈首创的全新高端营养酸奶。据介绍，爱迪生奶酪酸奶以进口奶源为主要原料，采用法国进口乳酸菌对牛奶进行长达10个小时的发酵，并特别添加欧洲甄选奶酪。奶酪是牛奶的精华，是孩子成长中非常重要的营养补充，也有利于老年人的健康。同时，爱迪生奶酪酸奶不添加防腐剂，不添加色素，不添加人工甜味剂，是一款可常温饮用的酸奶产品，呵护孩子的肠胃，助力孩子的成长，有助于老年人的健康。

与“奶中皇族”爱迪生奶酪酸奶不同的是，“百维特”高蛋白奶昔创新地采用酪蛋白、乳清蛋白和大豆蛋白三种蛋白质科学配比，使人体8种氨基酸配比更合理，营养更全面。一份“百维特”高蛋白奶昔含有300毫克钙，所有钙都来自于天然乳钙，不外加人工钙源，有助于骨骼健康；一份“百维特”高蛋白奶昔含有12克蛋白质，是普通牛奶的1.5倍，能随时、有效地帮助消费者补充蛋白质，满足每天的健康需求。

宗庆后说：“我们国家正在实施的‘工业制造2025’就是实业强国，所以我们实体经济的企业家们要坚定信念，实现中国制造向中国创造转变、中国速度向中国质量转变、中国产品向中国品牌转变，实现我们的强国梦。我们娃哈哈也在继续努力，我们现在就在开发智能化生产线，把自动化转为智能化，同时把食品安全转向食品健康，为老百姓造福。同时我们也会继续努力，使中国的娃哈哈成为世界的娃哈哈，这就是娃哈哈的追求！”

关爱员工：爱心捐款100万元救助小培琳

2月的杭城特别寒冷，然而一条“小培琳回家了”的消息在娃哈哈内部员工朋友圈中刷屏了，让大家感受到阵阵暖流和满满的正能量。小培琳的父母王国强和荀丽芳，是娃哈哈山西公司的双职工。几个月前，他们怎么也没有想到，“朗格罕斯组织细胞增生症”这一罕见的儿童血液病会发生在自己的孩子小培琳身上。“不及时治疗就会演变成恶性肿瘤，存活率只有万分之一。”医生的话犹如晴天霹雳。为了筹集医药费，荀丽芳一家把刚买的新房卖了；为了照顾在北京治疗的小培琳，妈妈辞去了工作；由于治疗的药只能在香港买到，爸爸不得已只能经常请假跑去香港……荀丽芳一家花光了所有积蓄，不堪重负。小培琳的病情牵动了娃哈哈人的心。大家长宗庆后得知后第一时间签批了第一笔善款10万元。随后短短几天时间，爱心在全国各地的娃哈哈人中间传递，大家纷纷为小培琳慷慨解囊，捐款达到100万元！有了这笔救命钱后，小培琳经过几期的治疗，已不再发烧，身体有所恢复，但需定期去医院治疗。虽然还没有痊愈，但小培琳可以从医院回到家中安心养病，可以像其他孩子一样在家过年了。

荀丽芳动情地说：“感谢宗总！感谢娃哈哈！有娃哈哈家人这个坚强的后盾，我一定积极为孩子治疗，让孩子早日康复，我也好早日回到岗位，回到娃哈哈这个大家庭，为娃哈哈的发展尽微薄之力。”互相关心，互相扶持在娃哈哈早已蔚然成风。娃哈哈奉行的是“家”文化，把每个员工都当作自己的家庭成员一样看待，使员工的生活、工作等各个方面都得到关心。创业以来，娃哈哈始终坚持“发展依靠员工，发展为了员工，发展成果员工共享”，不断提高员工的收入，让包括外来青工在内的全体员工持股，为员工解决住房1000多套，帮助员工解决子女入学……企业发展使员工生活品质得到大幅提升，让他们有了更多的获得感。

奉献爱心：连续16年为春风行动捐款6460万元

2000年，为破解困难群众生活就业难等难题，杭州在全国率先发起了以“社会各界送温暖，困难群众沐春风”为主题的“春风行动”。如今，杭州“春风行动”已经成为社会广泛参与的爱心工程。

2016年是杭州实行“春风行动”的第16个年头，娃哈哈的捐助也持续了16年。“娃哈哈是土生土长的杭州企业，20多年的发展，离不开杭州市委、市政府的关心和支持，也离不开家乡父老的厚爱。”宗庆后接受记者采访时表示，“作为率先发展起来的企业，富裕以后首先要反哺社会。再穷不能穷孩子，再苦不能苦教育，宁愿企业省吃俭用也要献上这份爱心。”

从一开始的50万元到后来的100万元、300万元、500万元，特别是从2009年第9次“春风行动”开始，连续4年捐款500万元，从2013年第13次“春风行动”起，又连续4年捐款1000万元。娃哈哈作为捐款第一大户，累计向“春风行动”捐款6460万元。据杭州“春风行动”办公室介绍，2015年“娃哈哈·春风助学”帮助4056名困难大学生圆了“大学梦”。自2011年娃哈哈将“春风行动”捐款用于专项助学以来，受助学生累计12898人。

不仅杭州的寒门学子感受到了娃哈哈的温暖，远在千里之外的四川雅安人民，也感受到了娃哈哈的爱心。四川省雅安市芦山县发生里氏7.0级地震后，娃哈哈响应中国扶贫基金会号召，捐赠1000万元用于灾后重建项目。每年八九月雨季，河水暴涨，河上的老石板桥就不见踪影，当地小孩只能待在家里，无法上学。一到寒冬，老石板桥上全是霜冻，桥面湿滑，鞋子常常湿透，大人过桥都提心吊胆，孩子们更是心惊胆战。2015年，在娃哈哈和中国扶贫基金会的努力下，灾后重建项目——娃哈哈溪桥工程陆续竣工了。该项目共涉及10个县、100座桥，3万多人从中受益。爱心桥极大地造福了村民，促进了当地生产生活发展，成为乡亲们走向美好生活的幸福桥。

自创业以来，娃哈哈一直秉承“产业报国、泽被社会”的经营理念，在自身获得快速发展的同时，积极回馈社会，履行社会责任，通过在西部和老少边穷地区投资建厂支持西部大开发和贫困地区发展，在极大促进当地经济发展的同时，积极投身慈善事业，累计为慈善事业捐赠超过5亿元，其中资助教育2.9亿元。

……

第二节 宗庆后是谁

早年经历

家族关系

1945年，宗庆后出生在江苏宿迁。其祖父曾是张作霖手下的财政部长，父亲在国民党政府当过职员。宗庆后父母曾在南京和宿迁居住过，他的曾祖父、祖父辈均为杭州府钱塘县籍，且归葬杭州。宗庆后4岁时迁回祖籍地杭州。

1949年后的家庭情况

宗庆后共有兄妹5人，家里非常贫困，全家只靠在杭州做小学教师的母亲的工资度日。

工作经历

宗庆后的工作经历如下页图所示。

1963年	初中毕业后，为了减轻家庭负担，宗庆后去了舟山的一个农场工作，几年后辗转到绍兴的一个茶场工作
1964年	在浙江绍兴农场任调度员
1978年	宗庆后母亲退休，33岁的宗庆后得以回到杭州，顶替母亲到工农校办纸箱厂做推销员
1979年	在杭州光明电器仪表厂负责生产销售工作
1982年	在杭州工农校办厂做业务员
1986年	任杭州市上城区校办企业经销部经理
1987年	靠借来的14万元承包连年亏损的杭州市上城区校办企业经销部，蹬三轮卖冰棍

宗庆后的工作经历

主要成就

宗庆后的主要成就如下表所示。

宗庆后的主要成就

时间	荣　誉	评选（颁奖）机构及备注
1997年	担任中国保健食品协会副会长	中国保健食品协会
1998年	当选浙江省人大代表，杭州市人大代表	–
	担任浙江省饮料工业协会会长	浙江省饮料工业协会
1999年	担任浙江省食品学会第三届理事会副理事长	浙江省食品学会
2002年	CCTV中国经济年度人物	CCTV

（续表）

时间	荣　　誉	评选（颁奖）机构及备注
2003年	当选第十届全国人大代表	–
2007年	当选第十一届全国人大代表	–
2012年	第六届人民社会责任奖个人称号	人民网
2013年	“2013新财富500富人榜”，2013年首富	《新财富》杂志

福布斯排行榜

众所周知，宗庆后曾多次成为中国首富，那么，他在福布斯排行榜上位列多少呢？如下表所示。

宗庆后在福布斯排行榜上的排名

时　　间	财富/美元	排　　名
2016年	190亿	第41名
2015年	103亿	第124名
2013年	116亿	第86名
2012年	105亿	第78名
2011年	59亿	第169名
2010年	70亿	第103名
2009年	19亿	第376名
2008年	10亿	第1062名
2007年	11亿	第840名

“两会”提案

2016年3月2日，全国人大代表宗庆后建议：保障年轻人一个家庭一套经济适用房，解决基本需求。宗庆后分析，房价高还有个很重要的原因就是土地出让金比较高，建议将土地出让金从房屋价格中剥离。

相关链接》》

宗代表有话说：让企业放手大胆地干

2015年3月6日上午，浙江代表团驻地处处洋溢着春天的气息，不时传来掌声和笑声。

“行政审批改革步子很大，但是希望改革能够更彻底，目前企业还是没有感觉完全松绑，希望可以让企业放手大胆地干。”浙江代表团第一次分组讨论，在第一小组讨论会上，宗庆后第一个发言。

宗代表说，中央已经取消和下放了很多项行政审批事项，一些省份行政审批事项取消甚至超过六成，其中浙江在这一方面是走在全国前列的。国务院和各级政府是花了大力气的，确实取消了很多审批事项，但是还有一些政策没有落到实处。他举例说：“我们的企业是做饮料的，按道理来说，一张牌照就够了，但是现在换个口味都要重新审批，实在太过于烦琐，也没有必要，希望行政审批改革力度还要加强。”

据了解，这也是他提交的《关于将审批制度改革落实到位的建议》的主要内容。宗庆后建议优先清理针对企业的审批事项，按照“法无禁止即可为”执行；不在审批清单内的即属于企业经营自主权的事项，企业可以放手大胆地干。政府制定标准，把不该管的交给市场，从事中和事后加强监管问责。宗代表有理有据的发言，说出了企业家的心声，引起与会代表的共鸣和思考。特别是他建议将浙江列入全面深化改革的样本示范区，得到代表们的认同。

上午讨论结束后，宗庆后放弃午休时间，前往浙江卫视、浙江经视、浙江之声和新蓝网全媒体演播间，围绕审批制度、中国制造与浙江制造等热门话题，与家乡人民分享看法。他指出，在新常态经济下，要继续开放、放权、让利，通过收入分配制度改革提高老百姓收入，才能实现中央小康社会的目标。

在浙江团驻地，宗代表被一群来自杭州的小记者围住，小朋友们在采访结束后请他签名留念，宗代表愉快地答应，写下“希望你以后成长为国家栋梁”的寄语，并签上自己的名字。

在驻地，宗庆后还接待专程来看望他的宿迁市委书记魏国强，双方就宿迁发展和当前的经济形势进行深入讨论。

……………………………………………………………………………………

【拓展阅读】

那些年宗代表提交过的建议

全国人大代表的称号，对宗庆后来说，更多的是一份沉甸甸的责任。从当选全国人大代表的“一年级新生”，到建言献策的“模范生、优等生”，这位有着浓厚民生情结的企业家，俨然是人们心目中的“民生代表”。

宗庆后代表在浙江团开放日上，就审批制度提出看法的后续。2015年3月10日下午，受深圳市市长许勤的特别委托，深圳市人民政府驻京办事处主任李玉民专程来到浙江代表团驻地就深圳审批时遇到的问题，与宗庆后交换意见，宗庆后对深圳政府积极的态度表示感谢。

2003年，宗庆后光荣当选全国人大代表。如今，宗庆后连续三届当选全国人大代表，13年共提交建议、议案多达162条，平均每年12条。他第一次参加人代会，带来的建议主要与企业发展有关。随后，他关注的目光就超越了自己的企业，建议内容中出现了降低个税起征点、加快国民营养工作、扩大分配等民生话题。过了几年，他的建议显示出非常强烈的民生色彩，从医疗保险、养老保险到关注农民工、青少年群体，几乎均与当时的民生热点紧紧相扣。

与民生较劲，7次建议提高个人所得税起征点

2004年，作为“二年级”全国人大代表，宗代表带来了4项建议，其中一项便是修改个人所得税起征点，“将起征点调整至1600元”。当时，全国实行的个税起征点为800元。

就在宗庆后提出这一建议18个月以后，个人所得税法修正案（草案）有关工薪所得减除费用标准（俗称“起征点”）立法听证会在北京举行。随后，个税起征点调整至1600元。

在宗庆后等代表的建议、呼吁下，2008年国家将个税起征点又从1600元提高至2000元，之后又提高到3500元。2013年全国“两会”，尽管个税起征点刚刚提高，宗庆后却依旧围绕个税改革继续“发声”。他从设立个税的初衷、物价上涨幅度以及个税调整对国家税收影响等方面做了详细的阐述，大胆建议起征点为5000元。

仔细翻阅宗代表的建议、议案可知，他共有7次提交了提高个人所得税起征点的建议，他与民生的较劲，让人钦佩。

为百姓代言，每个建议几乎都是传递着来自民间的强烈呼声

事实上，考量一个全国人大代表的履职优劣，不仅仅要看议案和建议的数量，更要看这些议案和建议是否代表了当下更多人群所普遍关心的问题。而我们通过宗代表这些年的建议，几乎都可以看到他建议中为百姓代言的标签。

2009年：“拉动内需包括两方面，首先得让老百姓手里有钱，其次要让老百姓敢花钱。”

2010年：“政府应该是为老百姓服务的，解决教育、医疗卫生，这些都是公益事业。结果我们把教育当成产业，把医疗卫生也当成产业，变成赚钱的东西，搞得老百姓读书也困难、看病也困难。我提出来，大学生的学费是不是应该降低？”

2011年：“应该取消居住用地使用权七十年年限。老百姓贷款买套房子不容易，中间交了各种税费，最后还有个70年的限制，这太不合理了。”

2012年：“个税调整还有空间，国家应该想办法给新入职年轻人的手里多留点钱。”

2013年：“对于家庭贫困品学兼优的学生，国家应该减免学费或无息贷款，并通过奖学金、助学金等救助机制让贫困家庭的孩子平等地享有受教育的权利。”

2014年：“推进医疗卫生改革，解决老百姓看病问题，给予医务人员合理的报酬，让医生能愉快地看病，在阳光下看病，恢复医德，恢复原来受社会尊敬的医生高尚的地位。”

2015年：“县级政府定向免费培养品学兼优的贫困家庭子女读大学；降低高铁票价、增加动车车次，让普通老百姓能舒适、便利地出行。”

掌控着巨大的娃哈哈饮料王国，日常工作的繁忙可想而知。宗庆后如何能每年提交那么多的建议和议案？宗庆后说：“娃哈哈在全国有很多分公司，我在各地出差的过程，其实也就是一个人大代表调查研究的过程。心里牵挂着这件事情，自然就会随时用心去做。平日的积累多了，最后写成建议就是水到渠成的事。”

相关链接 》》

杭商大学精董班走进娃哈哈 宗校长妙言传授创业之道

2016年12月18日下午，娃哈哈景芳基地八楼会议室座无虚席、气氛热烈。在一个半小时的互动交流中，宗校长与杭商大学首期精英董事长班的70余名学员面对面，畅谈实体经济、管理之道、用人哲学等与企业发展相关的话题。

为了见到宗校长，学员们早早就来到娃哈哈等候。当宗校长走进会议室时，全场顿时响起热烈的掌声。

“当年宗总和马云有一场关于实体经济和虚拟经济的辩论。请问宗总，您现在怎么看待这两种经济形式？”互动环节的第一个话题，学员就把这个话题抛了出来。

宗校长依然深信实体经济是创造财富的经济，是中国经济稳定的基础，也是中国经济发展的前途和出路。他说：“如果大家都去做虚拟经济，全世界消耗财富的人多了、创造财富的人少了，社会发展就会缺少根基，这两年，中央非常重视实体经济。但是，互联网是实体经济的技术手段，也是一把双刃剑，我们要用好这个武器。”

“我们两年前进行了业务调整并提出今后3年要过百亿元的目标。请问宗总，当企业进入深水区后该怎么发展？”“我是经营铁皮石斛行业的，请问宗总对大健康行业前景有着怎样的看法？”“请问宗总，您认为营销制胜还是产品制胜更重要？”学员们参见前辈，自然不忘带着各自的疑惑寻求前辈指点。

宗校长一一接过话题，结合企业文化传承、联销体制度、全员持股等娃哈哈特色做法和自己的创业心得娓娓道来、妙语连珠，会场笑声、掌声不断。在互动交流中，宗校长还对学员们创办的企业所展现出来的欣欣向荣之势，给予极大的肯定和鼓励，并寄语大家要“坚持主业，小步快跑，把主业做大做强”。

互动结束后，依依不舍的学员们提出合影，宗校长愉快地答应了。大合影结束后，他们又排起了长队，跟宗校长单独合影。从他们欣喜的眼神中，看到的是晚辈对前辈的尊敬和景仰！

相关链接

年轻人如何创业，听宗代表怎么说

年年岁岁“会”相似，岁岁年年“意”不同。今天上午，宗庆后来到新华网，与网民进行在线交流，接受新华社、新华每日电讯、新华网等媒体采访。除了“十三五”规划、供给侧改革、新型城镇化等热门话题外，作为民生代表的宗庆后，把更多的目光转向解决“80后”“90后”住房和创业问题上。

2016年3月3日8时45分，宗代表微笑着走进“两会特别访谈”演播厅，与主持人和网友在线交流。在半个多小时的交流中，宗代表说得最多的是年轻人的住房、就业、“三农”以及产业转型等话题。当主持人问到今年“两会”建议中，为什么依然关注年轻人的住房问题时，他动情地说，以后真正要肩负中华民族复兴重担的是“80后”“90后”这批人，他们还是有水平的，敢想、敢做，责任心也高。

在线交流结束后，宗代表就社会上关心的年轻人创业话题与记者聊了起来。他说，跟以前相比，现在创业更难了，更多机会将在二、三线城市和第三产业。年轻人要想创业成功，就要脚踏实地一步一个脚印，不要想走捷径。归纳起来主要有四个方面：一是选准正确的方向；二是要勤奋，不能好高骛远；三是要有毅力，做到坚持不懈；四是要有一个好的心态。

与往年一样，宗代表是各路媒体追逐的对象。当他走出新华网时，被守候在这里的浙江经视记者“堵”住。就“如何促进境外消费内流、如何提升浙江制造水平”，宗代表进行了回答。

第二章 娃哈哈的诞生与发展

导言：

宗庆后说："很多年过去了，我依然清楚记得那一天的情景：1987年夏天的一个下午，天气闷热，杭州的小巷子里见不到人影。我骑车出了家门，去干一件有些冒险的事情——靠借来的14万元，去接手一家连年亏损的校办工厂。"

第一节 娃哈哈的诞生

娃哈哈公司诞生

1987年，宗庆后承包杭州市上城区校办企业经销部。

1989年，宗庆后创建杭州娃哈哈营养食品厂，任厂长。

1987年，宗庆后和两位退休教师靠着14万元借款，组成了一个校办企业经销部，主要给附近的学校送文具、冰棒等。在送货的过程中，宗庆后了解到很多孩子食欲不振、营养不良，这是家长们最头疼的问题。“当时我感觉做儿童营养液应该有很大的市场。”

1988年，娃哈哈开始为别人加工口服液。1989年，成立杭州娃哈哈营养食品厂，开发生产以中医食疗“药食同源”理论为指导思想、解决小孩子不愿吃饭问题的娃哈哈儿童营养口服液，产品一炮打响，走红全国。

娃哈哈品牌诞生

娃哈哈，一个巨大的饮料王国。公司成立之初，为给公司生产的营养口服液起名，宗庆后煞费了一番功夫，甚至曾通过新闻媒体在社会上征集名字。

有人还拿出市场学、心理学、传播学、社会学和语言学等学科来论证所起的名字。

到最后营养口服液被定名为“娃哈哈”，原因有三，如下图所示。

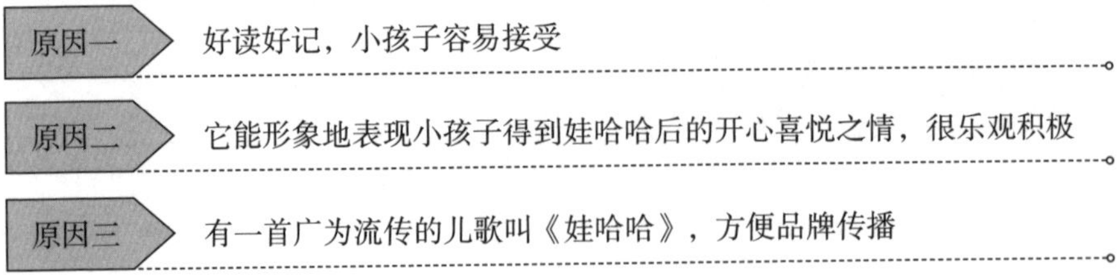

品牌定名“娃哈哈”

歌曲《娃哈哈》简谱截图

【拓展阅读】

娃哈哈所获荣誉

从1987年创办至今，娃哈哈获得了许多荣誉与评价，具体如下表所示。

娃哈哈所获荣誉列表

序号	荣　誉　名　称
1	全国五一劳动奖状
2	人民社会责任奖
3	全国模范劳动关系和谐企业
4	全国双爱双评先进企业
5	中国最受尊敬企业
6	中国食品工业优秀企业
7	国家西部大开发突出贡献集体

（续表）

序号	荣　誉　名　称
8	2010全球竞争力品牌中国TOP10
9	中国自主创新优秀企业
10	中国民营企业杰出成就奖
11	全国企业文化建设工作先进单位
12	国家认定企业技术中心
13	全国食品质量消费者放心品牌
14	全国食品工业科技进步优秀企业奖
15	中国企业信息化500强
16	全国守合同重信用企业
17	中国企业管理杰出贡献奖
18	全国实施卓越绩效模式先进企业特别奖
19	全国对口支援三峡工程移民工作先进单位
20	中国企业营销创新奖
21	中华慈善奖
22	全国对口支援三峡工程移民工作先进单位
23	浙江省文明单位
24	中国民生行动先锋
25	中国人力资源管理杰出企业
26	浙江慈善奖
27	娃哈哈纯净水：中国名牌产品
28	中国100最佳雇主
29	娃哈哈果汁：中国名牌产品
30	营养快线：中国饮料品牌、产品创新奖
31	非常系列：碳酸饮料2000年度国家级新产品

（续表）

序号	荣 誉 名 称
32	2015“质量之光”公众评选活动年度魅力品牌
33	工信部2015智能制造示范项目
34	2015消费者最喜爱的食品品牌
35	二十届国家级企业管理现代化创新成果一等奖
36	全国社会扶贫先进集体
37	全国文明单位
38	希望工程25年杰出贡献奖

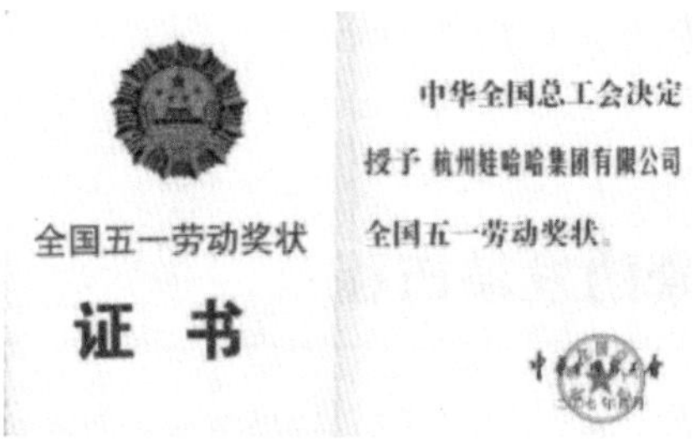

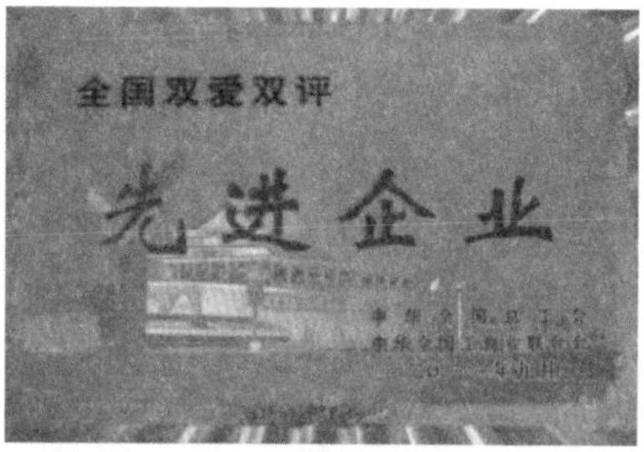

娃哈哈所获荣誉

第二节　娃哈哈的发展历程

艰苦创业

踩三轮车开始的创业

1987年，创始人宗庆后踩着三轮车代销棒冰、汽水和校簿，开始了艰苦的创业历程。

娃哈哈儿童营养液

1988年，宗庆后靠代工花粉口服液取得了不错的效益，并于同年成功开发投产娃哈哈儿童营养液，成立杭州娃哈哈营养食品厂。

儿童营养液强调使用价值，解决了儿童厌食偏食的问题。由于功效确切，效果明显，儿童营养液在市场上迅速走红，产品畅销全国，企业在激烈的市场竞争中站稳了脚跟。

娃哈哈儿童营养液

形成规模

兼并杭州罐头食品厂

1991年，为扩大生产规模，满足市场需要，仅有100余人的校办小厂娃哈哈，以8000万元的代价有偿兼并了职工2000多人的国营老厂——杭州罐头食品厂。

娃哈哈食品集团公司成立

兼并后，娃哈哈食品集团公司成立。原本亏损4000多万元的杭州罐头食品厂仅3个月就实现扭亏为盈。

产值破亿元

1991年，企业产值首次突破亿元大关，达到2.17亿元。兼并取得成功，娃哈哈初步形成规模。

兼并前的杭州罐头食品厂

杭州娃哈哈食品集团公司成立大会在浙江省人民大会堂召开

西进北上

投身西部开发

1994年，娃哈哈积极响应国务院对口支援三峡库区移民工作的号召，投身西部开发，创造性地以“移民任务与移民经费总承包”的改革思路，兼并了涪陵地区受淹的3家特困企业，建立了娃哈哈第一家省外分公司涪陵公司。

重庆市工业50强

涪陵公司产值利税连年快速增长，成功解决了1300多名移民的就业问题，并跻身“重庆市工业50强”。

娃哈哈集团与涪陵地区政府合作项目签字仪式

娃哈哈石河子公司

中国人自己的可乐

非常可乐

1998年，娃哈哈在洋可乐“水淹七军”的背景下，毅然推出“中国人自己的可乐”——非常可乐。娃哈哈通过正确的战略战术，使这一产品迅速打开市场，至今稳居全国碳酸饮料市场第三位。

民族可乐品牌

非常可乐的成功推出，不仅进一步稳固了娃哈哈的发展基石，而且粉碎了“洋可乐”不可战胜的神话，树立了民族品牌的旗帜。

非常可乐

转型升级

娃哈哈的转型升级主要表现在以下4个方面，如下页图所示。

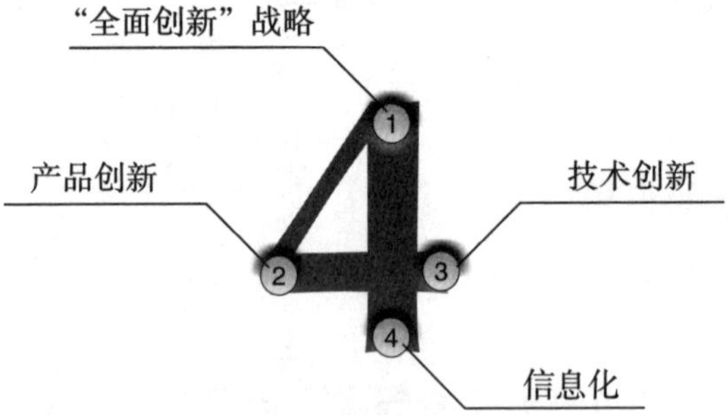

娃哈哈的转型升级

“全面创新”战略

自2004年以来，娃哈哈实施“全面创新”战略，在产品、设备、管理等方面进行全方位创新，进一步提升了核心竞争力，促进企业经济又好又快发展。

产品创新

在产品创新方面，营养快线、爽歪歪等新产品的不断推出，使企业摆脱了同质化竞争，引领行业发展。

技术创新

为打破国外技术垄断，娃哈哈成立了精密机械制造公司，培养技术人才，对引进设备进行吸收再创新，实现了模具自制和成套设备国产化，大大降低了成本，缩短了供货周期。娃哈哈自行开发的超净热灌装技术，填补了国际技术空白，达到世界领先水平。

信息化

通过信息化工作，娃哈哈实现了杭州总部与全国分公司、销售办事处的高速互联，实现了产供销流程的高效集成，以管理创新为企业发展增添了助推力。

从2010年开始，娃哈哈向工业机器人、菌种、机电等高新技术产业发展。

多元化发展

在坚持主业的基础上，娃哈哈涉足婴幼儿奶粉、白酒、智能装备等新产业，实施多元化发展。

智能装备时间线

智能制造是中国从制造大国走向制造强国的关键。娃哈哈很早就实现了饮料生产自动化，在工业制造方面也一直走在中国前列。从早期整线引进国外先进生产线，到后来引进单机自己集成自动化生产线，再到现在自行设计规划智能工厂，通过“三步走（串联机器人、并联机器人、平面机器人）”战略，娃哈哈实现了从自动化向智能化的转型升级。

娃哈哈在智能装备方面发展了10多年，时间线如下图所示。

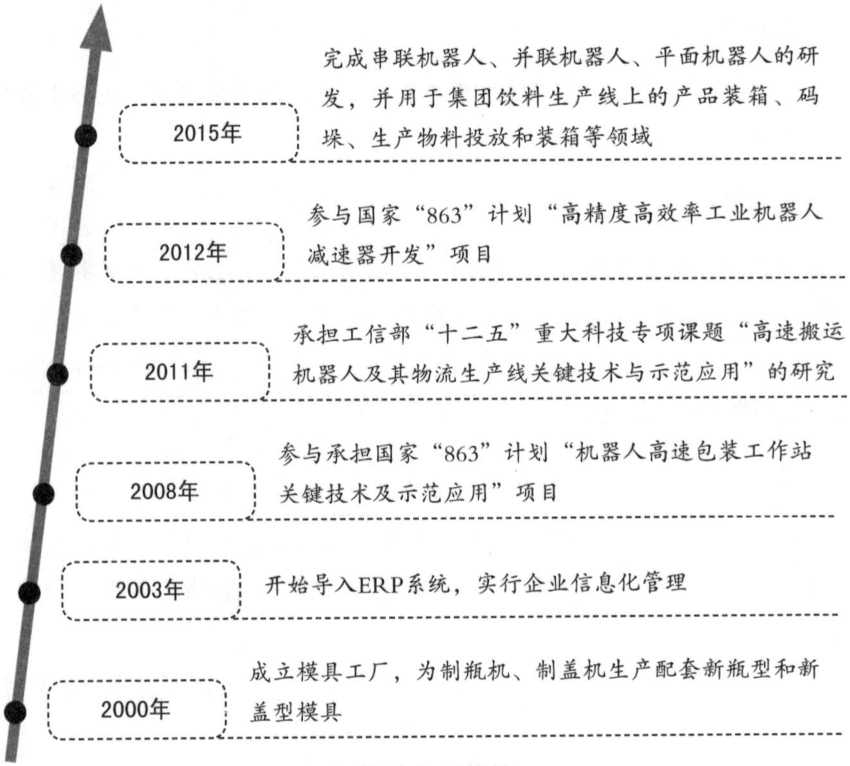

智能装备时间线

相关链接》》

饮料大王娃哈哈跨界试水“机器人”

在娃哈哈海宁工厂，两台正在作业状态的码垛机器人出现在记者眼前。只见红色的机械手臂直接将一箱箱娃哈哈“营养快线”从流水线上取下，整齐码成垛，定位精度达到正负0.05毫米。远处，叉车开来，将码好垛的80箱饮料一并叉起，摆放至仓库内。码垛机器人平均2分钟就能码完80箱饮料，1小时基本上能码完2000箱，而一个码垛工人，1小时的工作量是450箱。

娃哈哈自主研发的机器人

“我们折算过，像码垛这样的重体力劳动，用机器人取代后，一条生产线能省下2～4人的人工。”娃哈哈研究院智能装备系统集成事业部主任祝闽称，码垛机器人是由娃哈哈设计的第一台投入生产的机器人工作站，拥有5项专利。以饮料品类丰富著称的娃哈哈，配上了“智慧”的机器人大脑，码垛机器人可以根据不同饮料进行不同码放，对产品进行识别判断，自动调取码垛方式。

饮料、机器人，听起来风马牛不相及的两个产业，为什么会“撞在一起”？其实，娃哈哈涉足机器人领域早有端倪。2011年，娃哈哈就承担了工信部“十二五”重大科技专项课题，进行了“高速搬运机器人及其物流生产线关键技术与示范应用”的研究，切入到机器人行业。2014年，在航天军民融合技术对接交流会上，娃哈哈就智能机器人和物流装备项目与中国航天科工三院达成合作意向，欲合作成立公司，跨界涉足特种专用机器人产业。

娃哈哈招兵买马也颇大手笔，在2015年某次民企科技人才对接会上，记者了解到，生物工程、饮料和机电已成为娃哈哈未来发展的三条主线，其中机电的发展主要依托娃哈哈研究院。“机电这块基本上都是以硕博士为主，相较饮料和生物工程，这块你们听起来比较陌生，但我们目前正在大力招人。”研究院某位负责招聘的人员说。

宗庆后透露，娃哈哈机器人的名字不会叫娃哈哈。对于娃哈哈跨界研发机器人，宗庆后曾经表示，今后主要想发展上下游行业，包括发展生物工程、菌种等方面。在横向方面，想涉足高新技术环保、节能电机、机器人行业。“我们进军高新技术产业，研发节能环保电机和机器人，原来也有两个机械厂，设备也是世界一流的，以前为自己服务，自己做模具，现在想在这个方面有所发展。”

从某种意义上来说，娃哈哈潜心布下的机器人产业的确捕捉到了先机，这是一个万亿元市场。根据国际机器人技术联合会数据显示，2013年中国采购了36560台工业机器人，占全球销售总量的1/5，首次超过日本，成为全球最大的工业机器人市场。

到2016年年底，娃哈哈在全国工厂投入80套码垛机器人，按照1套机器人换2个人工算，娃哈哈一年可省下人工成本1000万元。今后，娃哈哈提出400条生产线要全部实现智能化。包括机器人产品线也在不断丰富：除了码垛机器人工作站，还有搬运机器人工作站、物料投放机器人工作站等。目前，娃哈哈正在研究采用箱型物品自动装车的问题，期望开发出系列化的智能物流装备，以填补国内领域的空白。

按照宗庆后的构想，娃哈哈出品的机器人，不仅自己使用，还要不断输出，形成一个高端机电制造产业。目前，他的构想已渐行渐近。

在杭州临安，有一家铅蓄电池企业，娃哈哈为其量身研制了电池极板上下料工作站，不仅实现了上下料工作的自动化，同时降低了人工成本，减少工人与铅粉的接触，有效地减少了血铅超标等职业病的发病率；娃哈哈承担过一个科研项目，在云南的一个炸药企业，最危险的人工分拣、包装环节，实现了用机器人替代，实现了自动装箱；在浙江的一家汽车电池生产企业，也有娃哈哈产机器人的身影，使其实现了汽车电池的自动装配。

“现在传统企业转型智能化生产，娃哈哈机器人正好撞到了这个风口，各行各业的需求量都很大。但机器人最核心的零部件，如伺服电机、伺服驱动器、精密减速器等均被国外垄断，我们希望走出一条国产化道路。”娃哈哈机电研发人员告诉记者。

娃哈哈在机器人研发制造方面不断发力。近期，娃哈哈准备收购1～2家欧洲、日本的机器人关键部件的厂商，整合机器人制造全产业链，包括上游的零部件生产和下游的应用系统集成，并建设一个包括伺服电机及驱动器、精密减速机、运动控制器及视觉和传感系统等核心部件在内的机器人产业园。

未来的娃哈哈，会不会成为一家高新装备技术企业？让我们拭目以待吧。

相关链接》》

娃哈哈：工匠精神 品质担当

“工匠精神，品质担当”——这是娃哈哈掌门人宗庆后为2016年质量持续改进活动写下的题词。这一题词，不仅挂在了质监部会议室显眼的位置，而且在全国80多个生产基地都可以看到。

质量持续改进，贯穿娃哈哈全员、全过程、全面质量管理活动的整个过程。“明责任、创精品”“自觉自发，全员改进”“创先争优，质量强司”……历年来的每一个活动主题，无不彰显娃哈哈对产品精益求精的不懈追求。

29年来，娃哈哈不忘初心，始终恪守“精益求精，追求卓越品质”的文化理念，把一个卖棒冰、汽水的小学校办工厂，打造成中国饮料行业的领跑者，不断书写业界的传奇。

在2016年全国“两会”上，宗庆后指出：我国制造业之所以“大而不强”，一方面是因为科技含量偏低，另一方面是因为缺少工匠精神。只有发扬工匠精神，不断提高产品质量和附加值，才能实现“中国制造2025”计划。

以自主创新打造工匠精神之魂

说起“工匠精神”，我们自然而然会想到“匠心”这个词。“匠心”的意思是精巧的心思。“匠人”有了初心，不断提升技艺，就有了“匠心”。因此，创新是工匠精神的灵魂。

在娃哈哈下沙第二生产基地，站在长达168米的生产线旁，隔着密闭的玻璃窗，只见成列的瓶子如白练般纷飞闪过。看似一瓶简单的饮料，出厂却要经过吹瓶、杀菌、灌装和包装等几十道工序，但在生产线上，却几乎看不到人，甚至在码垛入库的环节，也是由娃哈哈自己制造的码垛机器人来完成。

“瓶子从吹制成型到灌装，中间停留不超过2秒，瓶盖从制作到完成封装全程只有300多秒，这条生产线每小时产能54000瓶，每秒达到15瓶。”娃哈哈技术人员自豪地说。

“一个零部件，难倒一条生产线”，这是引进国外生产线遇到窘境的真实写照。为了打破国外技术的垄断，早在1999年娃哈哈就成立了精机公司，自己设计制造模具，成本只有进口的1/3，而且大大缩短了供货周期。

除了满足自己的需要，娃哈哈还将设备输出。2015年12月，娃哈哈的自制设备——水处理系统及动力机房设备材料运往缅甸仰光安装调试，标志着娃哈哈自制设备走出国门。

在自制模具的基础上，娃哈哈又涉足工业机器人项目。2015年工业和信息化部公布2015年智能制造试点示范项目名单，娃哈哈的食品饮料生产智能工厂试点示范项目，成为全国首批入选项目，也是饮料行业唯一的一家。目前，代替人工装箱的码垛机器人，已经在全国各地分公司广泛应用，极大提高了效率。而在杭州乔司镇建起的“智能工厂”，从下订单到生产再到溯源，将实现智能化。

娃哈哈的追求是没有止境的。宗庆后说，机器人最核心的技术是各个关键零部件，如运动控制器、精密减速机等，现在这些技术仍被国外垄断。目前娃哈哈正密集地与国外有先进技术的企业洽谈合作，努力建设一个包括伺服电机及驱动器、精密减速机、运动控制器及视觉传感系统等关键零部件的机器人产业园，提升我国高端机电装备的核心竞争力。

用匠心品质铸就健康安全产品

“民以食为天，食以安为先”，食品产业链涵盖种植、养殖、生产、加工、运输、储藏和销售等多环节，任何一个环节出问题，都可能会造成食品安全隐患。从研发到采购、生产、销售，娃哈哈产业链涉及300多个品种、2000多家供应商、180多家分公司和10万余家分销店。他们是通过什么来保证生产出来的每一瓶产品都是安全放心的？

走进娃哈哈生产基地，扑面而来的是以“工匠精神，品质担当”为主题的质量持续改进活动的热潮。据介绍，质量持续改进活动每年都有，2016年旨在完善全员、全过程、全面质量管理的体系，细化后道监督前道制度，建立并落实集团、片区、分公司三级质量管理责任，通过培育耐心、专注的工匠精神，在技艺和流程上精益求精，追求完美和极致，以品质赢得行业领先和消费者信赖。

后道监督前道的管理模式，最早可追溯到娃哈哈投产之初。据参与过儿童营养口服液生产的老员工回忆，在娃哈哈产品生产之初，每一道工序的员工在完成本工序时，都要放上一张有个人编号的小纸条，到下一道工序时，操作工在做完本工序工作并检查无误后，将上一工序员工的这张纸条拿走，做好登记，放上自己的代码。如此这般，在市场上销售的任何一盒产品，都能在包装盒内发现一个代码，每一件产品都能追溯到每个环节的负责人。

基于最早生产娃哈哈儿童口服液积累的质量管理经验，娃哈哈逐步完善形成了“前道服务后道，后道监督前道”这一具有娃哈哈特色的全员、全过程、全面质量管理理念，全面落实质量责任制，将“监督上岗位、做好本岗位、服务下岗位”的管理要求贯彻到每一个员工，实现层层监管、相互服务、相互监督，确保公司产品质量稳定和统一。

与此同时，娃哈哈专门成立了市场督查部，对流通环节和消费终端的产品质量经常进行检查追踪，并建立经销商质量反馈制度，要求经销商每月反馈产品质量意见，做到每一瓶产品从原料供应、组织生产、最终到达消费者手中全程监控，确保食品质量安全。

作为饮料行业的龙头企业，娃哈哈除了做好产品质量安全控制外，对质量安全的研究也从生产性控制向预防性控制发展。娃哈哈重点加强了对食品安全快速检测技术、危害评估方法和包装材料安全评价等影响食品安全的关键技术研究，从而确保加工工艺流程的科学与规范，提高产品质量安全的事前预测和事先控制能力，有效保障从农田到餐桌全过程的安全。

不断传承中的工匠精神

曾经，工匠是一个中国老百姓日常生活须臾不可离的职业，木匠、铁匠、石匠、篾匠等，各类手工匠人用他们精湛的技艺为人类生活带来便利。工匠精神就是要求企业如同一个工匠一样，琢磨自己的产品，精益求精，经得起市场的考验和推敲。

娃哈哈在2015年推出的晶钻水，是纯净水的升级版。1995年，娃哈哈率先在国内生产瓶装纯净水，这被称为一场“饮水的革命”。全新上市的晶钻水，使用收腰设计，更加符合人机工程学，还创新地在标签上印制了可刮开的个性化签名区，经过反复改进保证质量优、性能好，不仅贴合当下产品个性化消费的趋势，还倡导环保、节约的理念，提高了用户体验。娃哈哈一个个产品的背后，凝聚的都是娃哈哈人的工匠精神。

技师葛智亮是有着36年工作经验的老钳工，主要负责八宝线设备维修、生产线安装、设备装配等工作。有一次，他在某分公司出差时发现一个报损的原价10多万元的凸轮。他觉得很可惜，用手摸了几遍凸轮的工作表面，认为该备件还可以修复。于是通过维修、调试，使凸轮导轨表面粗糙度达到Ra0.1，让该备件“起死回生”。若无几十年的手上功夫和经验，是无法做到这一点的！

集团公司全国各地的八宝生产线如果出现维修疑难问题，大家首先想到的就是葛智亮。而葛师傅凭借多年累积的经验，通过“一看、二听、三摸”，总能精准、快速地找到维修的办法。

“一种瓶身模加工夹持定位结构”，获得了国家实用新型专利，这项专利出自杭州技术能手吕民华之手。他在实践中设计出专用工装，以普通车床代替加工中心，原本单件需要加工8个多小时的模具用普通车床2个小时便能完成。每副模具节约加工成本1000多元，截至目前累计节约加工成本达300多万元。

从普通技工到技能大师，“杭州市技能大师工作室”的领衔人高金海是娃哈哈年轻人的励志典范。他负责的技术小组联合天津大学研发果奶自动装箱机器，在反复尝试和沟通之后，终于研发出了卧式果奶装箱机，操作工从原来的五六人减少到1人。这项发明既提高了效率，还保证了装箱的严密性。现在这种装箱机已经推广到娃哈哈生产基地的上百条果奶生产线上。

高金海技能工作室的15个成员，都是公司的精兵强将。作为娃哈哈的“第一工匠”，高金海还起到工匠精神的传承作用。在他的带领下，这些技能大咖们通过名师带徒、技术攻关、技术交流，为“工匠精神，品质担当”注入源源不断的动力。

从一个个“娃哈哈工匠”身上，我们看到娃哈哈的工匠精神：一是精益求精，把一件事做到尽善尽美；二是持续改进，创新求变，为企业创造最大价值；三是乐于奉献，甘为人梯，肩负起“传帮带”的使命。

相关链接 》》

娃哈哈有了杭州市技能大师工作室

2015年9月2日下午，杭州市技能大师工作室建设推进会暨市首席技师颁证仪式在娃哈哈集团有限公司举行，杭州市副市长谢双成参加了此次会议。会上举行了技能大师工作室授牌及首席技师颁证仪式，娃哈哈“高金海机修钳工技能大师工作室”和王荣栋名列其中。

为加强技能人才培养，推进人才强市战略，杭州市分别在2007年和2012年启动首席技师和技能大师工作室建设工作。经过前期建设，截至目前，市首席技师已达109名，建成市级技能大师工作室50家。这些身怀绝技绝活的技能大师们，在以自己名字命名的工作室里带高徒、传绝技，一方面为杭州培养高技能人才，另一方面进行技术研发、攻关、交流等，为企业的转型升级做出更大贡献。

杭州市副市长谢双成在讲话中充分肯定了技能人才队伍建设，特别是第一轮大师工作室建设取得的成绩和经验，对新一轮技能大师工作室建设提出了明确的、针对性很强的要求：希望各级部门能继续把技能大师工作室建设作为技能人才培养工作的重点来抓，合力实施好新一轮大师工作室建设，整体带动推进杭州的高技能人才队伍建设。

杭州娃哈哈集团党委书记吴建林代表公司在大会上做交流发言。他说，娃哈哈技能人才的培养，主要是坚持传承创新、坚持立体培养。通过持续推进技能人才培养工作，娃哈哈在杭州的职工累计718人持有国家职业资格职业技能类证书，59人获得“省职业技能带头人”“省职业技能大赛青年岗位能手”“市先进科技工作者”“区十佳职工科技之星”等荣誉称号。据悉，娃哈哈将加大投入建设工作室，购买立式加工中心等一批性能先进的高精度设备，同时亦在筹建新的机电产业园区，希望能以最佳的资源环境激发人才创新创造；同时搭建平台提供人才领跑机会，有意识地引导工作室成员牵头公司级技改创新项目，不断激发他们对重难点问题的攻关能力。

会议结束后，与会人员兴致勃勃地观摩了娃哈哈展厅、精机公司工业机器人工作站以及“高金海技能大师工作室”。“高金海技能大师工作室”成立于

2012年，由机修钳工高级技师高金海领衔，现有14名成员，其中高级技师11名，技师3名。据介绍，技能大师工作室建立以来，通过带徒传艺直接培养了40余名徒弟，其中4人成长为高级技师、8人成长为技师、10人成长为高级工。工作室完成各类主要技术革新和攻关项目12项，获得市级及以上奖项4项，获得国家专利5项，产生直接经济效益近1000万元。

相关链接》》

娃哈哈否认整体上市 宗馥莉拟借壳自立门户

2017年4月1日，中国糖果控股有限公司（简称“中国糖果”）的一则公告引发了食品饮料行业的高度关注，因公告中出现了宗庆后的独生女儿宗馥莉的名字。这位被外界称为娃哈哈“公主”的新生代企业家，是公认的娃哈哈接班人。

宗馥莉此举打破了宗庆后长期坚持的“不上市论”。她购买中国糖果股权，借壳上市后，对娃哈哈集团及宗馥莉旗下公司业务将带来怎样的影响？

欲借壳中国糖果

2017年4月1日，在中国糖果发布公告复牌后，公司股价狂涨，2017年4月3日公司股价涨幅75.53%，2017年4月7日，股价涨幅50.85%。

从上市公司股价表现来看，宗馥莉购买股权的消息对中国糖果来说无疑是利好。

根据中国糖果2016年年报显示，在报告期内，公司营业收入7575.7万元，同比下降6.7%；净利润亏损329.1万元，与上年同期相比减亏32.6%。

中国糖果表示，业绩减亏主要由于本年度并无产生上市开支所致，且部分被本年度较2015年同期市场气氛转弱及原材料成本上升令收益及毛利减少、政府补助及补贴减少令其他收益减少所抵销所致。

中国糖果的大股东一直在为退出做准备，而从中国糖果发展状况来看，宗馥莉一旦借壳中国糖果成功，对双方来说都是利好。

对此，中国品牌研究院研究员朱丹蓬表示，近几年，中国糖果行业都不景气，中国糖果也不能独善其身。从目前的公告来看，宗馥莉想借壳上市，其业务与娃哈哈的匹配度较高。

朱丹蓬表示，宗馥莉以借壳为主，并为公司多元化发展提供储备，因为中国糖果的主业是糖果，可以延伸的板块并不大，双方结合不会产生大的生产力。

娃哈哈多元化之困

众所周知，娃哈哈集团作为国内最大的食品饮料企业，其销售额曾过700亿元，掌舵者宗庆后曾坐上中国内地富豪榜首富的位置，但是对于资本市场，宗庆后曾多次发表言论称对上市不感兴趣。

“我们有100亿元的现金”“上市企业造假的很多”，宗庆后觉得目前娃哈哈虽然没有上市，但公司治理水平远高于一些上市企业。

不过，纵观娃哈哈近年来的发展，虽然公司拥有充足的现金流，但其多元化发展并不顺畅，业绩也在不断下滑。

据资料显示，娃哈哈在2002年就宣布进军童装市场，经过十几年的发展，娃哈哈的童装业务并不理想。2010年，娃哈哈开始做奶粉，在众多进口奶粉品牌中，爱迪生奶粉至今规模不是很大。2012年，娃哈哈打造城市商场综合体——娃欧商城。2013年，公司决定投资150亿元做白酒（主要是酱酒）。

然而，娃哈哈多元化布局一路走来，距离2012年定下的千亿元目标却越来越远。

据数据显示，2013年，娃哈哈完成营业收入783亿元，2014年，公司营业收入仅为728亿元，而2015年则骤降至494亿元。

在朱丹蓬看来，娃哈哈业绩不靓丽，宗馥莉要想借壳上市应该是将旗下公司及业务注入，而非母公司娃哈哈集团。

朱丹蓬表示，宗馥莉早晚会接娃哈哈的盘，当双方理念不同时，宗馥莉以自己的公司来上市，当时机成熟时再把娃哈哈业务并入上市也是顺理成章的。

宗馥莉自立门户？

事实上，宗馥莉与宗庆后的经营理念不同在业内已经不是新闻，通过媒体报道可知，宗庆后拿出1/3的娃哈哈业务给宗馥莉管理。

据资料显示，2010年，宗馥莉成为杭州宏胜饮料集团有限公司总裁，承担娃哈哈集团1/3的产品代加工业务，同时主营食品香料、机械模具、印刷包装和饮料生产等。2016年，宗馥莉推出以自己英文名Kelly命名的全新品牌——“Kellyone”个人定制果蔬汁，并注册了宁波宏胜优品电子商务有限公司。

如今，被公认为娃哈哈接班人的宗馥莉的此次买壳，打破了宗庆后的“不上市论”。

一位曾经在娃哈哈工作的人士表示，娃哈哈最近几年的多元化尝试一直不太成功。这次宗馥莉购买中国糖果股权的动作，应该是一次新的尝试。因为娃哈哈在增长方面遇到了“天花板”，需要寻找新的增长点。

“宗馥莉对中国糖果的动作，借力于资本市场及新的品类，带给娃哈哈新的增长机会和可能性。”上述人士如此表示。

另外，外界认为，这是娃哈哈借壳上市迈出的第一步。

不过，娃哈哈集团相关负责人在接受媒体采访时否认了借壳说法，并表示，该宗收购为宗馥莉个人行为，与集团公司无关。

对于宗馥莉此举，香颂资本执行董事沈萌表示，虽然很多猜测说娃哈哈会借壳上市，但此次收购更像是宗馥莉要自立门户。

在沈萌看来，长期以来，就传言宗庆后与宗馥莉之间因为理念差异、在对企业经营上有分歧，而宗庆后也牢牢掌握着娃哈哈的全部，所以不排除宗馥莉希望在娃哈哈现有体系外开辟一个自己可以掌控的平台来经营她旗下的业务。

……………………

第三章
娃哈哈，产品

导言：

提到娃哈哈，你会想到什么？营养快线？纯净水？八宝粥？……娃哈哈的产品涵盖含乳饮料、瓶装水、碳酸饮料、茶饮料、果汁饮料、罐头食品、医药保健品、休闲食品、婴儿奶粉等11大类160多个品种。

第一节　饮料类产品

含乳饮料

营养快线系列

娃哈哈营养快线，是娃哈哈集团根据中国人独特的膳食结构和营养状况，精心研制而成的一种全新的牛奶果昔饮品。纯正果汁与香浓牛奶的完美结合，让营养快线不但有牛奶的营养和钙质，还有来自果汁丰富的维生素，补充人体所需的维生素A、D、E、B_3、B_6、B_{12}和钾、钙、钠、镁等15种营养素。

娃哈哈营养快线的广告语为：“早餐喝果汁，不够；早餐喝牛奶，也不够。”

娃哈哈营养快线新的宣传口号为：营养快线，幸福牵线。“早上喝一瓶，精神一上午。娃哈哈营养快线，冰冻更好喝，纯正果汁，香浓牛奶，15种营养素一步到位。”

2012年，娃哈哈营养快线获得美国FDA认证，出口美国、加拿大和新加坡。

营养快线经典款

营养快线幸福牵线系列

AD钙奶系列

娃哈哈AD钙奶饮品，采用钙质吸收的上佳载体——牛奶为基础，又辅以维生素A和维生素D，促进钙质吸收，达到真正补钙的目的，现有原味、巧克力、椰芋等多种口味。

广告语：好喝又补钙。

娃哈哈AD钙奶

爽歪歪系列

2006年新上市的全益生菌发酵酸奶——爽歪歪，是娃哈哈集团在儿童乳饮料领域取得的生物科技新成果。

爽歪歪采用国际领先的微胶囊包埋技术，强化了儿童生长发育所需的维生素A、D、B_3、B_6、B_{12}，还特别添加了牛磺酸，经过优质益生菌发酵后，口感更滑爽、营养更易吸收，给孩子们更多的保护、更多的健康！

爽歪歪系列

爱迪生奶酪酸奶

2015年11月，娃哈哈推出爱迪生奶酪酸奶，这是娃哈哈公司首创的一款全新的高端营养酸奶。娃哈哈研发人员表示，开发这款产品的初衷是给自己的孩子生产一款好酸奶，因此从原料到工艺都采用最高标准。

爱迪生奶酪酸奶

瓶装水

娃哈哈纯净水

娃哈哈纯净水

1995年，娃哈哈率先在国内生产瓶装纯净水，成为瓶装饮用水行业的领导品牌。娃哈哈纯净水被国家质量监督检验检疫总局认定为“国家免检产品”，并获得了“中国名牌”的殊荣。

2015年12月26日，“晶钻至尊王者荣耀——王力宏星途20年暨娃哈哈‘晶钻水’上市歌迷见面同乐会”在杭州隆重举办。王力宏与娃哈哈集团党委副书记、市场总监李凤媛一同发布了全新上市的娃哈哈晶钻水。王力宏向歌迷们讲述了自己星途20年的心路历程，全球“宏迷”通过腾讯视频直播共同见证了这一荣耀时刻。

娃哈哈晶钻水使用更晶莹剔透的晶钻瓶身，创新地在每一瓶水的标签上印制了可刮开的个性化签名区。当消费者拿到一瓶娃哈哈晶钻水后，签上自己的名字，就可以打造一瓶属于个人的定制好水。特别是在会议、聚会等场合，可避免混淆和浪费。

娃哈哈晶钻水

相关链接》》

新包装 新理念 娃哈哈晶钻水引领纯净水市场

苗条的身材，晶莹剔透的瓶身，高端雅致的设计，纯净无瑕的水质在80个切面的包裹下，犹如钻石般闪亮……这就是娃哈哈在2015年年底推出的晶钻装纯净水。

1995年，娃哈哈率先在国内生产瓶装纯净水，成为瓶装饮用水行业的领导品牌。20多年来经久不息的荣耀来源于严谨的态度和先进、安全、高效、稳定、节能的生产工艺。娃哈哈纯净水采用国际先进的反渗透深度净化技术进行层层过滤，整个工艺过程经过13层过滤，2级反渗透，保证饮用水的质量安全，这套饮用水的生产工艺代表了国际先进水平。

2015年，娃哈哈晶钻水应运而生，这款水的钻石风格包装设计来自于娃哈哈集团的“90后”新锐设计团队。在娃哈哈，一支思想活跃、朝气蓬勃的泛“90后”团队活跃在产品研发、设计和营销最前线，他们成为娃哈哈倾听年轻消费者心声的纽带。一以贯之的高品质，配合靓丽的新包装，自上市半年来，娃哈哈晶钻水受到了广泛的追捧与好评。

除了吸引眼球的新外型，娃哈哈晶钻水还创新地在每一瓶水的标签上印制了可刮开的个性化签名区，当消费者拿到一瓶娃哈哈晶钻水后，签上自己的名字，就可以打造一瓶属于个人的定制好水。这个贴心的设计，源自于对自然与环保的责任。据不完全统计，我国每年都有几千万瓶以上的饮用水因为在会议、活动过程中被混淆而浪费。娃哈哈看到了这项数据，作为饮用水行业的领导者，娃哈哈创新地开发了这项既好玩又环保的设计。它是国内首款在标签上印制可刮开签名区域的水，搭配瓶标上的星座和祝福语，时尚而富有个性。很多白领拿到手之后，都认为这项设计实实在在替大家解决了一个大难题。

这一概念，不仅贴合产品个性化的趋势，更体现了娃哈哈对赖以生存的地球的一种负责。更具个性，更加环保的娃哈哈晶钻水，是爱护自然、保护地球的绿色之选，是各类会议、活动的VIP尊贵好水！除此之外，娃哈哈还将开放标签定制，当需求达到一定的数量，娃哈哈将为客户设计并生产包含客户信息的饮用水，不少大型企事业单位已经开始享受这一尊贵待遇。

相关链接 》》

闻鸡起舞，娃哈哈畅游蓝海

2017年正月初四，宜昌娃哈哈启力饮料有限公司超净车间，工段长蒋军像往常一样，换衣服、洗手、经过消毒池，推开生产车间的门，去车间巡视一圈，检查人员到岗情况和设备运转情况。车间里，一个个熟悉的身影已经在忙碌了。“老马永远来得最早，一般早上6时就到了，他要通知各车间供应一天生产所需的能源和配料。去年，老马还被评为集团的优秀员工呢！”蒋军边介绍边向马贤兵那边走去。只见马贤兵盯着显示器上蹦出的一串串数据，不时在笔记本上涂涂写写。

蒋军继续往前走，一个小伙子正在生产线旁检查设备运转情况。“这是王友强，别看他只有28岁，但他来公司已有10年了，是我们的技术能手，负责整条生产线的设备点检。”蒋军介绍，除了解决设备故障，长期的经验积累还使王友强练就了火眼金睛：生产出来的产品，只要他看上一眼，就能判断有没有异常，以及问题出在哪里。“师傅，新年快乐！”一走进灌装车间，就听到热情的声音，负责灌装的尹诗华活泼开朗，是公司的“开心果”。蒋军笑着说：“小尹进公司后，是我一手带的，负责洗瓶、灌装、封盖，经过这道工序的产品，再经过套标、装箱，就可以到市场上出售了。”

谈起宜昌娃哈哈，蒋军感触最深的莫过于娃哈哈启力食品饮料项目。“从开工到投产，不到一年时间；投产半年时间，生产饮料900万瓶，新增产值1900万元，展现了‘娃哈哈速度’。”蒋军自豪地说，在2016中国杭州G20峰会上，娃哈哈集团生产的高端会议用水晶钻水大放异彩，赢得各国参会代表的一致好评。

含氧类水

娃哈哈含氧类水主要为娃哈哈富氧水。这款产品采用尖端锁氧技术研制，溶解氧含量为普通饮用水的6～10倍，可有效补充人体所需氧气。通过喝这种水，即可通过消化道黏膜渗透方式吸收水中的高浓度氧气，达到高效、简便、无毒副作用的补氧效果。

娃哈哈富氧水

相关链接》

娃哈哈回应外界质疑：富氧水第三方检测合格

2014年5月28日，针对新产品富氧水在市场上引发的争议，娃哈哈回应：公司近日重新送检了产品，27日拿到的第三方检测报告显示数据符合标准。

娃哈哈研究人员出具的一份由国家轻工业食品质量监督检测杭州站的最新检测报告显示，生产批号为20140513的娃哈哈富氧水产品溶解氧含量为102毫克/升，产品开盖后在室温条件下放置1小时后氧含量为88.0毫克/升，放置2小时后氧含量为50.3毫克/升。

娃哈哈研究人员表示，娃哈哈富氧水的生产过程采用特殊的技术，将液氧加入到水中，并充分混合达到过饱和状态。

就富氧水引发的疑问，娃哈哈方面回应称，这一产品经历了饮料产品上市前严格的研发和开发程序，并于2007年得到卫生部关于有关标准的批复。卫生部（卫监督函〔2007〕169号）同意加氧饮用水作为普通食品管理并应符合如下条件：所使用的氧气应符合医用氧要求，氧气纯度不低于99%，制成的饮用水中含氧量不应超过150毫克／升。

记者搜索发现，国内部分专业机构和学者也开展了通过消化道补充氧气的研究，并发表了相关论文。例如2008年一篇名为《特殊环境缺氧防治新技术及应用》的论文表示，“高氧液进入消化道后，可直接透过消化道黏膜溶解后进入人体组织，提高血液氧含量以维持全身各种器官机能的需要”。之所以进行这样的研究，主要是针对部分高原地区缺氧人群，以及运动等其他环境和条件下，对氧气不足的情况进行辅助补充。

“水最重要的功能就是解渴，给身体补充水分，至于水中其他的东西，含量都不会太大。”食品安全博士钟凯认为，商家为迎合市场需求、拓展商机，做一些新产品开发无可厚非。但消费者指望喝一杯水或一杯含牛奶、果汁的饮料，就能完全替代相应产品的功效，达到保健食品甚至药品的效果，这也是不切实际的。

监管人员也提示消费者，药品、保健食品有着非常严格的审批程序和不同的标准，消费者既不能把日常的饮料当作保健食品来滋养，厂商也不应刻意宣传功效，使消费者难以分辨饮料产品和保健食品。

复旦大学广告学系主任程士安表示，企业的新产品可能在质量和安全性方面都达标，但在推出新产品或新概念前，也应做好更多的消费者教育，提供更多详细的检测报告和数据，尽量减少消费者的疑虑。

【拓展阅读】

富氧水研究荣获国家科技进步二等奖

通常情况下，我们知道人体是通过呼吸系统摄取氧气的，呼吸供氧是最基本也是最重要的氧获得途径。但近年来的现代研究发现，人体通过消化系统，也可以摄取少量的氧气，在呼吸供氧的基础上达到辅助供氧的目的。

在中国，人们人对“富氧水”这一概念仍然有些陌生，实际上，国内关于富氧水的研究已经取得了很大的突破。第四军医大学博士生导师徐礼鲜教授和他的研究团队历经4年多的刻苦攻关和反复试验，首次得出“高氧液进入消化道后，可直接透过消化道黏膜溶解后进入人体组织，提高血液氧含量以维持全身各种器官机能的需要”的科学结论，不仅为临床因各种原因引起的缺氧疾病的治疗提供了新的有效途径，也填补了国内外在这一研究领域的空白。他们的“特殊环境缺氧防治新技术及应用”项目荣获2008年国家科学技术进步二等奖，2006年军队科技进步一等奖，2007年军队科技进步二等奖，获国家专利7项，2002年和2004年两次被列为中华医学会继续医学教育重大推广项目。

“特殊环境缺氧防治新技术及应用”项目对口服高氧液的功效进行了深入的研究。该研究成果表明，高氧液（含氧浓度60毫克/升）经静脉和口服对高原缺氧均具有显著的改善作用，且口服比静脉输注维持的时间更长。此外，该团队经实验证实，口服高氧液还具有显著的抗疲劳作用。

徐礼鲜教授和他的研究团队关于富氧水的主要研究成果如下：

一、喝富氧水可以缓解高原缺氧反应，提高抗缺氧能力及心肺肾功能

该团队“高氧液口服和静脉治疗高原低氧血症”研究选择首次进入高原的

缺氧志愿者40名，随机分为静脉组和消化道组，在海拔3000米和4500米的环境下进行研究，以探讨高氧液经静脉和消化道对高原低氧血症的作用。研究发现：在静脉输注高氧液（氧含量约60毫克/升）20分钟后，动脉血氧分压（PaO2）开始上升，40分钟时作用达到高峰，之后随时间推移逐渐下降；消化道组在口服高氧液20分钟后，动脉血氧分压开始上升，60分钟时作用达到高峰，随后逐渐下降。动脉氧饱和度的变化是随着动脉血氧分压升高而升高，而心率的变化则是随着动脉血氧分压的升高而降低。因此得出以下研究结论：高氧液经静脉和消化道途径，对高原低氧血症有显著的改善作用，且口服较静脉输注维持时间更长。

二、口服高氧液可以提高运动能力及抗疲劳

（1）该团队“口服高氧液抗小鼠运动性疲劳的作用及机制研究”表明：高氧液对小鼠有显著的抗疲劳作用，其机制可能与高氧液增加氧供及抗脂质过氧化有关。

（2）该团队“口服高氧液对急性运动性疲劳的防治作用及可能机制的初步探讨”选择80名士兵为研究对象，研究高氧液对急性运动性疲劳的防治作用及其机制研究。研究表明：高氧液有显著的抗急性运动性疲劳作用，其机制可能与高氧液增加氧供及抗脂质过氧化有关。

三、口服高氧液对肺损伤的保护作用

（1）该团队“口服高氧液对急性光气中毒性肺损伤小鼠的干预效应”以小鼠为研究对象，分析研究口服高氧液对双用途毒剂光气所致急性肺损伤小鼠的干预效应。研究表明：口服高氧液能减少光气中毒小鼠肺水肿程度，升高动脉血氧分压，降低血清肿瘤坏死因子α、肺组织丙二醛含量，减轻光气中毒造成的机体脂质过氧化反应及炎症损伤，对光气中毒肺损伤有一定的保护作用。

（2）“经胃灌入高氧液对油酸型急性肺损伤家兔的治疗效果”研究以家兔为研究对象，研究经胃灌入高氧液对油酸型急性肺损伤（ALI）家兔的治疗作用。研究表明：经胃灌入高氧液对油酸型ALI家兔有治疗作用。

（3）该团队“口服高氧液对人体力竭运动后氧自由基代谢的影响”选择80名战士为研究对象，研究口服高氧液对人体力竭运动后氧自由基代谢的影响。研究表明：口服高氧液对力竭运动后自由基损伤有抑制作用，可加速体内代谢产物自由基的清除及加快疲劳的消除。

其他饮料

碳酸饮料

娃哈哈的碳酸饮料包括：非常可乐、非常柠檬、非常苹果、非常甜橙、儿童可乐、非常咖啡可乐、锐舞派对矿化汽水等，最具代表意义的是非常可乐。

娃哈哈碳酸饮料

茶饮料

娃哈哈茶饮料包括：茉莉香茶、龙井绿茶、花草茶、冰红茶、低糖绿茶、水果茶、呦呦茶等。

娃哈哈茶饮料

果汁饮料

娃哈哈的果汁饮料包括：10%果汁、40%鲜橙汁果肉饮料、100%苹果汁等。

运动饮料

娃哈哈的运动饮料包括：激活、激活π等。

娃哈哈运动饮料

功能性饮料

娃哈哈推出的功能性饮料为启力。

娃哈哈功能性饮料

格瓦斯

“格瓦斯”取自俄语，译为面包发酵酿制的饮料，为东欧及俄罗斯等区域的传统饮品，拥有1000多年的历史，与德国啤酒、美国可乐及保加利亚布扎一起被誉为世界四大民族饮品。

娃哈哈格瓦斯为麦芽汁发酵饮品。

娃哈哈格瓦斯

第二节 其他产品

罐头食品

娃哈哈的罐头主打产品是娃哈哈营养八宝粥。娃哈哈于1992年出产的罐头产品——娃哈哈营养八宝粥，以国内市场作为销售主战场，凭借娃哈哈特有的联销体渠道优势和产品质量迅速占领市场。娃哈哈罐头产业从原来的杭州罐头厂1个基地，发展至今已拥有潍坊、长沙、成都等13个罐头生产基地、17条生产线。

娃哈哈桂圆莲子营养八宝粥

相关链接 》》

腊八节新推养生粥 民族品牌娃哈哈探索用饮品传播国学

中国传统讲究在腊八节喝一碗营养丰富的粥。2017年1月4日，丙申腊八节前一天，由杭州中华文化促进会、杭州娃哈哈集团、凤凰网、杭州灵隐寺等单位联合举办的“让国学走进生活·2017国学公益论坛”上，娃哈哈发布了两款应景养生粥。

引人注目的是这两款粥的罐身设计：饮品题字出自韬光寺月真大师，罐身上印着明初小品文集《菜根谭》中的名言，配图作者是台湾漫画大师蔡志忠。这些隽永的经典小句、俏皮的漫画，将随着养生粥传递到万千消费者手上。

娃哈哈养生粥

“让国学走进生活” 娃哈哈尝试推动国学文化发展

21世纪初以来，“国学热”方兴未艾，读经典、学诗书渐成社会流行文化现象。在“让国学走进生活”发布会上，传统养生粥搭配幽默养心画的创意让人眼前一亮。70多岁的宗庆后也来到现场，谈了自己对民族文化的认同感和娃哈哈致力于中华文化复兴的责任意识。

“体现一个国家综合实力最核心的、最高层的是文化软实力。中华文明、传统国学博大精深，是我们文化软实力和文化自信的重要构成。”宗庆后说，年纪愈大，他的民族文化认同感愈强。

娃哈哈在实践中不断尝试推动中国国学文化发展。旗下教育机构开设国学课程，从养德习礼、手上国学、古琴技艺等方面塑造孩子的品德涵养、普及国学文化；成立娃哈哈艺术团，在中国音乐学院、中央戏剧学院、中国传媒大学等国内一流艺术高校中选拔出一批优秀硕博人才和青年艺术家，选择主旋律题材优秀文艺作品进行公益演出。

在当天的发布会上，有一群金发碧眼、来自娃哈哈外籍子弟学校的儿童身着汉服抑扬顿挫地朗诵《三字经》，引来掌声一片。

在宗庆后看来，光在集团内部普及国学远远不够，响应“重视国学教育，加强文化认同”号召，娃哈哈作为民族品牌必须率先垂范，主动传承、弘扬国学，扩大传统文化的传播声量。

身为饮料业巨头，各种罐体瓶身无疑是娃哈哈传播国学的不二载体。

如今，娃哈哈产品覆盖全国零售终端超过540万家，每年有超过300亿瓶产品被饮用，光八宝粥一类产品年销量就达15亿罐，何不在这些产品上印上国学精华？

2016年，宗庆后遇上了热衷传递中国传统文化的台湾漫画家蔡志忠。蔡志忠比宗庆后小3岁，同样喜欢创新、探索，他的《庄子说》《老子说》《列子说》等漫画传播国学作品在多个国家和地区成为畅销书，画风笔触风趣幽默。双方一拍即合。

传播国学又养生　“菜根谭系”福养粥出炉了

经过交流后，娃哈哈与蔡志忠决心定制一款既可以传播国学又可以养生的创意产品。

“国学范畴中，离普通人比较近的是国医学（中医药学），这是打开中华文明宝库的钥匙。娃哈哈希望深入发掘中医药宝库中的精华，把祖先留给我们的财富继承好、发展好、利用好，做能够促进人民身体健康、具有中国特色的产品，推动健康中国建设。”宗庆后说。

生活水平日益提高，健康养生成为国人选择饮食的重要标准之一，“追求绿色”“药补不如食补”的观念深入人心。为了做好一款承载国学传播与养生使命的产品，宗庆后亲自参与了产品配方的定制，让研发人员从熟悉通晓传统中医药学中各类养生粥方出发，利用“药食同源”的中医药理念开发产品，最终推出“红枣小米福养粥”和“百合莲子清养粥”两款养生粥品。

国学经典上粥罐，热销产品传国学。在娃哈哈全新养生粥罐身上，总共印制了70幅各不相同的蔡志忠《菜根谭》漫画。喝健康养生的粥，品经典国学美文，在宗庆后看来这是身心俱补，相得益彰。

一头灰白长发、休闲打扮的蔡志忠亮相了当天的发布会。他表示自己在30多岁时已经财务自由，“名和利都带不走的，人生在世要做自己真正想做的事。于我个人而言，就是要想办法更好、更大范围地传播中华传统文化”。

“国学被复杂化了，其实国学就存在于古人的日常生活中。像今天喝粥读经典一样，非常自然。中国人需要古典精神文化的回归，注入我们的行为方式，来实现自我的生存价值。”在发布会的“弘扬国学”公益论坛环节，中央电视台百家讲坛主讲人、浙江大学中国思想文化研究所所长董平教授说。

浙江省作家协会主席麦家回忆幼时家穷，喝粥是物质匮乏的记忆表征，而今喝养生粥却是带着中医养生、《菜根谭》等国学积极因素回归生活，“作为一个中国人，怎么能不学国学呢？中国传统文化是我们的命根”。

“国学智慧怎么提取到寻常生活中呢？精神层面的东西要落到实处，有时缺的是怎样把国学中的内在智慧、哲理传授给下一代的好方法，娃哈哈做出了自己的尝试。”中国青年书画篆刻家、书法家尚天潇说。

据了解，腊八节当天娃哈哈在全国360多座名寺开展“弘扬国学喝粥祈福”的施粥送福公益活动，为每位祈福者送上丙申腊八祈福礼，并送出100万罐定制版的福养粥、清养粥和22万本蔡志忠的国学漫画，从杭州出发将传播国学经典的范围扩大到全国。

爱迪生奶粉

爱迪生奶粉是由娃哈哈集团委托荷兰皇家乳品公司专项定牌研究开发并在荷兰生产的高品质婴幼儿配方奶粉。每一罐爱迪生奶粉，从奶源、生产、灌装到包装的全过程，全部在荷兰完成，100%原装进口！爱迪生奶粉采用科学均衡的营养配方，避免了宝宝营养过量或不足的问题，既不增加宝宝的身体负担，又保证了宝宝生长发育必需的营养。独特的倍舒、倍健、倍优“三倍组合”配方，提供均衡全面的营养。

娃哈哈爱迪生奶粉官方网站截图

相关链接 》》

爱迪生奶粉荷兰生产商成为首批完成注册的备案企业

根据《进出口乳品检验检疫监督管理办法》《进口食品境外生产企业注册管理规定》和《质检总局关于公布〈进口食品境外生产企业注册实施目录〉的公告》规定，2014年5月1日起，未经注册的境外企业生产的婴幼儿配方奶粉不允许进口，不得境内分装，对于进口奶粉报检日期到保质期截止日不足3个月的，不予进口。

据业内人士表示，新规的实施，标志着我国针对乳制品进口最为严格的审查正式开始，不仅国内洋奶粉品牌数量会大幅缩减，还将淘汰不少海外贴牌代加工的“假洋鬼子”。

据悉，娃哈哈2009年推出的爱迪生奶粉由富仕兰康必奶DOMO（公司英文名为FRIESLANDCAMPINA DOMO B.V.）下属贝伦工厂生产，由杭州娃哈哈宏盛食品饮料营销有限公司（原名为“杭州宏盛食品饮料营销有限公司”）采购进口，每批奶粉均经过国家出入境检验检疫局和娃哈哈公司检测合格后独家在国内销售。2014年5月1日凌晨，在中国国家认证认可监督管理委员会（简称“国家认监委”）官网公布的名单中，富仕兰康必奶DOMO作为首批顺利完成注册备案的婴幼儿配方奶粉生产企业出现在名单之列。

据悉，新规的落地实施，缩紧了进口乳制品行业的入境路径，对于质量、品牌的层层把关也提升到更为严格的高度。中国与进口婴幼儿奶粉生产企业所在地政府也会开展合作，通过对奶粉的奶源、产地、生产商、质检报告等进行报备注册，更大程度上确保奶粉的卫生健康，生产过程也变得透明化，让每罐奶粉都可追溯。即便出现问题，也可通过报备注册的资料查出问题根源，找到相应的解决办法。

据悉，爱迪生奶粉的奶源、加工、包装过程都在荷兰进行，装罐之后运输到中国，属于原包装进口奶粉。翻开《爱迪生配方奶粉供应链透明化白皮书》，从每一头奶牛的牧场、牧草饲料、机器人挤奶等开始，到全程检测的生产环节，再到官方正规的入关流程及售后，娃哈哈将爱迪生配方奶粉供应链的每个细节首度摆上桌面，并清晰地呈现在消费者面前。

对此，有关专家发表评论，这罐既符合“欧盟标准”又符合“国家标准”的原装进口奶粉，意味着娃哈哈打通了一条中欧奶粉供应链。“娃哈哈的这条中欧奶粉供应链，是集原奶供应、奶粉生产、销售服务为一体的各供应链主体的一次‘强强联合’。”娃哈哈新闻发言人指出。

据介绍，为爱迪生奶粉提供原奶的是荷兰皇家乳品公司，该公司有130多年历史，被荷兰皇室授予“皇家”称号，是全球最大的乳品公司之一；而提供代工生产的则是在婴幼儿营养领域有90多年经验的荷兰贝伦工厂，其在乳制品业界占领导地位。而作为爱迪生奶粉销售服务商的娃哈哈，更是凭借中国最大食品饮料生产企业、全球四大饮料制造商的实力，让欧洲乳品巨头甘愿为其代工。

全程执行欧盟标准，并在营养配方上遵循国家标准，更适合中国宝宝，是爱迪生奶粉引起消费者关注的重要原因。

荷兰牧场的每一批牛奶都会被采样送往荷兰牛奶质量管理站，看是否符合相关的质量标准，如果未能达到标准，该农场主将会被禁止向乳品加工企业提供牛奶。据了解，这些质量标准是根据荷兰和欧盟的相关法规制定的，检测项目甚至比欧盟还要多。

业内有关专家证实了这些细节管理的真实性，并介绍说，爱迪生配方奶粉生产的全过程，采用严格的SAP系统管理，全程在线监测奶粉质量状态，并记录在案，而这些质量标准都是爱迪生配方奶粉的生产商荷兰贝伦工厂自己制定的，比欧盟法规的要求还要严格。

另外，爱迪生配方奶粉要想得到“出口许可证”，还要在农业部领导下，由荷兰牛奶及乳制品质量管理署负责检测，并联合国家畜牧业及肉类检验局才能颁发，而检测的依据是欧盟质量标准、《荷兰消费品法案》及《荷兰农产品质量法案》。

专家表示，由于“假洋奶粉”退市，可供消费者选择的品牌减少，随着二胎政策逐步落实，进口奶粉可能会出现短暂货源紧张的情况。但面临退出中国市场的一些奶粉品牌，大都为国内代加工，如果企业自身实力不足以保证食品安全，没有稳定的供应链体系，被淘汰出市场，对国人而言百利而无一害。

业内人士指出，新规的实施，使每罐奶粉都可追溯原产地、配方，而且，不合格的进口奶企被淘汰，会空置出更多的市场份额，这不仅提供了可供进口奶粉企业公平竞争的“舞台”，也给更多的正规品牌奶粉创造了机会。

针对一些妈妈喜欢在网上购买没有中文标签的进口食品的现象，笔者在此提醒大家，购买此类商品存在风险。没有合格中文标签以及“入境货物检验检疫证明”的未经检验检疫合格的产品均属在中国境内非法销售。建议消费者选择大型商超等正规渠道购买。

相关链接》》

杭州娃哈哈集团包揽2014妇博会三项大奖

2014年7月17日，为期4天的2014年第六届中国（北京）国际妇女儿童产业博览会在北京国家会议中心揭幕，来自幼教、食品、用品、童装、家居等领域的知名企业纷纷参展。本届博览会由北京市妇联、中国国际贸促会北京市分会以及国家会议中心共同主办，由中国乳制品工业协会和北京妇女儿童发展基金会协办，到会观众约15万人。知名企业杭州娃哈哈集团亮相主流乳制品企业展区，受到广泛关注。在本届妇博会上，娃哈哈集团包揽了三项大奖：“娃哈哈爱迪生婴幼儿配方奶粉”荣获优秀产品奖，“娃哈哈乳酸菌饮品”荣获技术创新奖，娃哈哈集团荣获社会责任奖。

主办方表示，27年来，娃哈哈始终坚守食品安全正业之道。作为中国规模最大的食品饮料企业，娃哈哈持续投资近4亿元，建设研究院、国家级企业技术中心、分析检测中心等部门，通过技术进步推进企业食品安全保障能力建设，积极构建企业产业链食品安全风险预警机制。娃哈哈集团按照“全员、全过程、全面质量管理”的要求，实施“前道服务后道，后道监督前道”的质量安全管理体系，确保产品质量；同时，利用信息技术构建企业食品安全质量追溯系统，不仅全面提升企业食品安全管理水平，还铸就了娃哈哈可持续发展的原动力。

娃哈哈爱迪生奶粉、营养快线、乳酸菌饮品等深受广大消费者喜爱，未来，娃哈哈还将致力于采用传统中医食疗及现代生物工程技术，开发更加营养、健康、保健的新产品，造福于广大消费者。

……

医药保健品

娃哈哈的医药保健品主要由杭州娃哈哈医药保健品有限公司生产。该公司主要生产以下几种产品：

（1）氨咖愈敏溶液（家庭治疗感冒的必备良药）。

（2）维生素C含片、儿童多维咀嚼片和儿童钙片等补充维生素类产品。

领酱国酒

2013年11月5日，娃哈哈在北京召开新闻发布会，董事长兼总经理宗庆后正式宣布娃哈哈进军白酒行业，标志着娃哈哈多元化发展又迈出新的步伐。

发布会上，一款以贵州茅台镇为原产地的高品质高性价比酱香型白酒——“领酱国酒”正式宣告上市。会上，贵州省遵义市委副书记、仁怀市委书记罗其方以及茅台酒厂荣誉董事长季克良偕3位国家级白酒专家前来助阵，季克良先生还欣然出任顾问，强大的嘉宾阵容全方位展示了娃哈哈进军白酒行业的信心。

相关链接 》》

娃哈哈的“领酱国酒”打什么牌?

纵观整个白酒行业，都在打“糊涂仗”，存在混战现象（包括茅台、五粮液）。

品牌营销专家丁举昌认为，这是娃哈哈“领酱国酒”的机会，但从其打的几张牌来看，娃哈哈犯了茅台在20世纪90年代犯过的错误。

打造黄金单品，需要在七个维度得高分。显然，娃哈哈“领酱国酒”的有些维度是及格的，有些维度是高分的。

一、首要品类

酱香型白酒算占了首要品类。

二、首想品质

金酱酒业的前身是始建于1909年的汪家烧坊，为茅台镇历史上四大烧坊之一。本次娃哈哈与金酱酒业联合推出的领酱国酒，即按照茅台镇酱香型白酒祖传技艺酿制。“生态健康酒，喝酒不伤肝”的领酱国酒，算作首想品质。问题是娃哈哈高调进军白酒行业，消费者会有不好的联想：品质是否会打折扣。

品牌打造的核心是要保持其独立性。就像奥迪独立于大众汽车之外，就像凌志独立于丰田汽车之外，就像早期的阿库拉独立于本田汽车之外一样。可是，娃哈哈却高调宣布进入白酒行业，这对于“领酱国酒”的品牌打造是有伤害的，特别是媒体排山倒海式的宣传与报道，更加强了“水与酒”的认知联想。娃哈哈想享受“免费的午餐”显然打错了“算盘”。

因为在消费者心目中娃哈哈代表的是饮料，代表的是瓶装水，这是“领酱国酒”的一种认知劣势。可是，娃哈哈却“反其道行之”。这说明中国很多企业还处于低级的市场营销水平。

三、首选概念

在2013年11月5日新产品发布会上，宗庆后告诉记者，“喝完不伤肝”这句广告宣传语是其亲自定夺，卖点就在“不伤肝”。但在消费者的心智认知中，是酒就伤肝，喝过量白酒就会造成肝伤害，只不过酱香型比其他一般的酒好一些而已。在消费者的心智中很难获得“喝酒不伤肝”的支持。

茅台曾打出旗号“喝出健康来”现在改为“酿造高品位生活”。

营销是一场概念战。“不伤肝”不算首选概念。

“领酱国酒”“不伤肝”的定位诉求显然不符合事实，战略很难成型。除非得到竞争对手和媒体的默许与支持，任由娃哈哈主导“领酱国酒”“不伤肝”的话语权。

四、首领形象

以历史悠久、文化底蕴丰厚，被誉为“中国第一”的茅台镇为原产地，是一个不错的选择。

“领酱”意味着“领导酱香”的概念。

“领酱国酒”力求成为首领形象。

娃哈哈最理想的策略在于：隐藏“领酱国酒”身份，拉开娃哈哈母子公司之间足够的距离，保持销售渠道和营销体系的独立性，打开市场空间，将“领酱国酒”打造成为独立的、自由发展的一个整体。娃哈哈需要这种战略信心，娃哈哈需要这种战略决心。但是，从娃哈哈的品牌延伸、多元化发展的方向来看，娃哈哈显然缺乏这种战略素养。

五、首席地位

营销是一场认知战，国酒应该属于茅台，而不是“领酱”。

如果娃哈哈挟持其资源（钱）和渠道力、营销力，定位明确，“领酱国酒”前景尚有希望。但是，娃哈哈在白酒行业没有市场声誉，若想赢得首席地位，“领酱国酒”还要下很大的功夫。

六、首肯价格

不论多好的产品，都需要制定消费者、经销商认可的首肯价格。

在谈及“领酱国酒”的消费市场定位时，宗庆后介绍，“领酱国酒”零售价大约定在400元，定位于中高端消费群体，会得到消费者、代理商的认可。

根据宗庆后介绍，除了金酱酒业，娃哈哈还与当地十余家销售店达成初步合作意向，希望凭借其资金和网络优势，销售白酒和红酒产品。而在渠道方面，宗庆后表示娃哈哈除了将利用现有的饮品渠道，还会寻找专销酒品的大型经销商来开辟白酒市场。

七、首倡精神

白酒营销是一场精神战。

基于新产品上市的新奇因素以及廉价、物超所值等激励因素，娃哈哈“领酱国酒”或许暂时会有一定的销量。但是，“领酱国酒”要想长期发展，取决于娃哈哈的定位能力、品牌操作能力、市场营销能力；成功与否同样取决于竞争对手的配合程度，因为营销是一门关于可能性的艺术。

高端白酒的竞争实际上是文化战略的竞争。“领酱国酒”诉求“不伤肝”，显然离好白酒还有一段距离。

第四章
娃哈哈，国际化战略

导言：

娃哈哈作为中国饮料巨擘，对国际化的探索已经走在中国快消品牌的前列，现已成立进出口公司并一直进行国际化的探索。

第一节　进出口业务

杭州娃哈哈进出口有限公司

杭州娃哈哈进出口有限公司（简称“娃哈哈进出口公司”）成立于2010年，前身为娃哈哈集团公司进出口部，在集团公司“国际化”和“走出去”战略方针指导下，秉承集团公司“励精图治，艰苦奋斗，勇于开拓，自强不息”的企业精神，在公司“专业、自信、激情、独立”的企业文化下，为娃哈哈产品的海外营销和品牌建设服务，致力于将娃哈哈的产品推向国际市场，同时，在海外市场上打造并树立娃哈哈的全球化新品牌形象。根据职责划分，主要设立了进口部和出口部两大部门。

进口部

全球采购

进口部主要服务于集团公司日常原料和设备的需求，向全球优秀供应商，诸如新西兰Fonterra（全脂/脱脂奶粉）、新西兰Ocd（全脂奶粉）、新西兰Miraka（全脂奶粉）、新西兰Westland（全脂/脱脂奶粉）、荷兰FrieslandCampina（配方奶粉/乳清蛋白）、德国DMK（脱脂奶粉）、美国Glanbia（乳清蛋白）、韩国三星、Citrovita、Krones、Domino、Husky等采购包括乳原料、塑料粒子、冷冻果汁等原料，以及各种先进的饮料生产线及相关设备。

海外食品进口业务

除此之外，进口部同时开展海外食品进口业务。依托娃哈哈的品牌优势和销售网络，已和澳大利亚Goodman Fielder、英国Walkers Shortbread Limited、英国德拉米尔（Delamere）乳业、英国GGS糖果公司等海外著名供应商建立了稳定的合作关系。产品主要包括饼干、牛奶、糖果等。

出口部

出口部主要负责销售娃哈哈的产品，同时兼顾娃哈哈的品牌推广。经过近20年的努力，娃哈哈9大类产品已销往世界30多个国家和地区，年销售额近2000万美元，主要进口国包括美国、加拿大、俄罗斯、日本、韩国、新加坡、意大利、英国、阿联酋和南非等国家，产品主要包括瓶装茶饮料、饮用纯净水、奶饮料、八宝粥和湿面等方便产品。

相关链接 》》

引进国外先进技术，向高端制造业迈进

后G20时代，杭州如何抓住契机，实现转型升级跨越式发展？制造业面临怎样的挑战和机遇？如何提升中国制造业的技术含量，走向“中国智造”？在2016年10月19日举行的第二届杭商大会论坛上，杭商代表、娃哈哈掌门人宗庆后给出的答案是：引进国外先进技术，向高端制造业迈进！

2016年10月19日下午2时，以“后G20时代杭州的发展”为主题的中国制造2025（杭州）论坛开幕。杭商大会邀请宗庆后、南存辉、汪力成3位知名企业家进行主旨演讲，为杭商转型升级出招，助力杭州经济发展。

宗庆后在演讲中指出，通过G20、B20会议，杭州受到了世界的瞩目与赞誉，然而，尽管杭州经济形势很好，但实体经济尚面临着很大的困难，制造业尚处于中低端水平，大多数企业面临着转型升级的困难。我认为，越是经济困难的时候我们越有发展的机会，而且我们中华民族是一个聪明、勤奋的优秀民族，我们应该有这个自信与能力，继续把自己的企业健康发展下去。

宗庆后演讲

宗庆后表示，这几年饮料行业面临着从20%以上的增幅下降到2016年1～8月1.12%的增长，而且大企业几乎全部在负增长的局面下进行供给侧改革及转型升级工作。娃哈哈一方面专门招聘人才成立生物工程研究所，利用生物工程技术及老祖宗遗留下来的宝贵的财富——中医食疗研发出益生菌。另一方面在原有两个现代化机械厂的基础上进一步发展装备制造业，在高度自动化的基础上向智能化发展。最近又在联系国内从海外回归的机器人研发团队及海外机器人制造企业，准备筹建机器人企业集团，大力发展机器人产业。

在嘉宾对话环节，著名主持人白岩松抛出“面对整个饮料行业的下滑，您有没有感到压力”“企业做到这么大了，您有没有想过财富是宗总的，您女儿的，股民的，还是国家的社会的？”等问题。宗庆后充满正能量的回答，感染了杭商们。当主持人问“今年您休过假吗”，他回答“没有”的时候，全场对他报以热烈的掌声。

在当天上午举行的第二届杭商大会开幕式上，娃哈哈获得了杭州“‘十二五’纳税百强企业”荣誉。会上，娃哈哈还与佩雷斯公司、海法大学签订了合作意向书。

第二节　国际市场的探索

产品和市场的匹配度

品牌的国际化从来就不是一件简单的事情。

决定一个品牌成功与否的关键，是产品和市场的匹配度。产品和市场的匹配度包括两个层面，如下图所示。

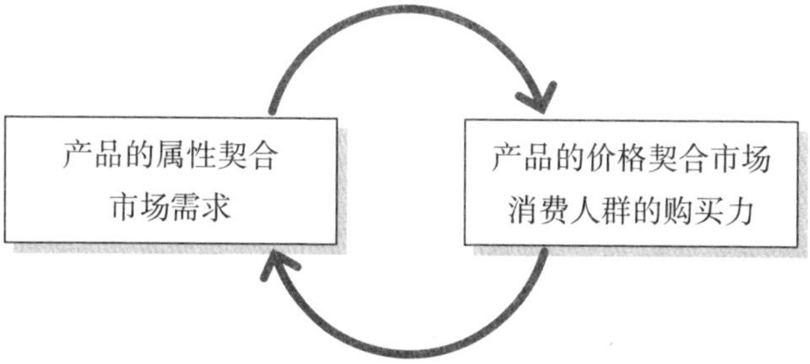

产品和市场的匹配度的两个层面

把中国茶饮料卖到欧美

多元化为"出国"埋单

娃哈哈萧山基地有12条生产线，日产40万箱饮料。萧山基地最大的特色是产业的多元化。萧山是娃哈哈分厂最集聚的区域之一。目前萧山基地内的松源机械研发生产的饮料瓶模具等已基本上应用到娃哈哈所有的生产线上。

涉足饮料产业上游，可提高企业的核心竞争力，降低成本，更多的则是提高企业反应效率。"如品牌包装可能频繁更换，外包就没有这种快速反应力。"

不管是启动香料项目、印刷项目，还是娃哈哈进出口公司，都是在为中国饮料走出国门“埋单”。

适应外国人口味的中国茶饮料

娃哈哈国际化战略要更多地关注外国人的超市，尤其是欧美市场。现在，娃哈哈已经与澳大利亚、英国等地的品牌超市洽谈合作，主推中国茶饮料。

为开发外国人适合的饮料口味，过去两年里，娃哈哈参加了美国迈阿密食品饮料展、英国食品饮料展、南非食品饮料展等一系列国际大展，还组建欧美留学生感官评估团队，邀请国外超市买手做饮料口味评价。

欧美市场

在欧美市场，饮料的价格都较高。因此，娃哈哈饮品销往欧美，在定价上有很大的灵活性。以茶饮料为例，娃哈哈产品的市场定位如下图所示。

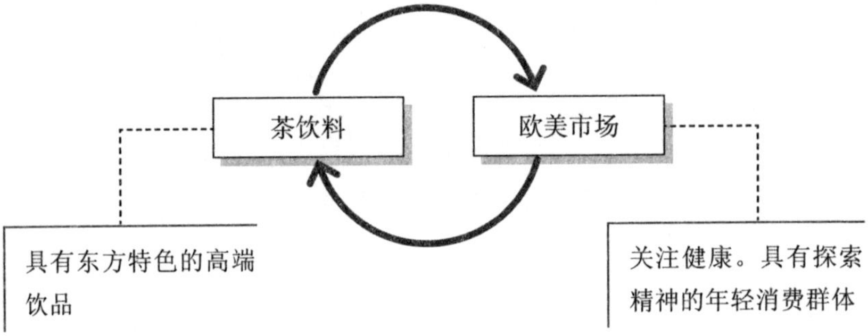

娃哈哈产品的市场定位

定位

这个产品的定位非常清晰，将产品特性和细分市场的需求结合起来，具体如下图所示。

健康的产品和追求健康的消费群体相互匹配

茶饮料健康，而年轻消费群体中确实存在一部分关注健康的消费者，他们对非碳酸型健康饮品有很大的需求

东方特色和探索精神相互匹配

茶饮料具有神秘的东方特色；欧美消费者，特别是年轻消费者，有相当一部分人具有强烈的探索精神，他们愿意尝试新产品、新品牌

产品的定位

东方特色的高端茶饮料

一个具有东方特色的高端茶饮料有两个方面的表现，如下图所示。

具有东方特色的包装

产品需要包装来吸引消费者。只有把包装做得非常有东方特色，才能使产品在琳琅满目的货架上吸引目标消费人群的眼球

具有真正价值的茶饮料

目前娃哈哈茶饮料的主要卖点在茶叶这一领域，也即产自中国的茶叶原叶提取

东方特色的高端茶饮料的表现

【拓展阅读】

全球功能饮料市场发展现状分析

近几年，全球功能饮料市场规模呈现较快的增长趋势，年均增长率超过10%。

一、欧美特殊用途饮料发展现状

功能饮料是指通过调整饮料中营养素的成分和含量比例，在一定程度上调

节人体功能的饮料。自2011年以来，功能性饮料（中国正式称之为特殊用途饮料。饮料通常划分为运动饮料、营养素饮料和其他特殊用途饮料，如美容、减肥、护眼、抗氧化等。能量饮料在日本也被称为机能性饮料）和运动饮料在欧美市场都展现了极大的活力和发展前景。在欧美市场，能量饮料已明确获得了10%以上的增长。值得关注的是，天然成分的功能性饮料的消费增长幅度有所提高，消费者对全天然成分的能量饮料兴趣十分浓厚。据2011年的数据显示，美国天然和有机食品及饮料的销售额接近390亿美元，比上年增长了9%，相较于5年前增长了63%。

中投顾问发布的《2016—2020年中国功能饮料市场投资分析及前景预测报告》表示，欧美特殊用途饮料主要以红牛、怪兽等品牌为主，美国市场的怪兽、红牛、Rockstar、Fullthrottle、Nqfuir为销售前5位的能量饮料品牌，其中增长最为快速的是超强配方的能量补充液，如先锋5小时、红牛、6-hour Power、Monster Hitman等。欧洲市场也相继推出了全天然的能量饮料，如雀巢和果汁饮料品牌Jamba推出的全营养果汁能量饮料，Steam及Scheckter这样的植物能量饮料和有机能量饮料。星巴克在美国市场上推出了增强能量的双倍咖啡能量饮料，同时推出以Refreshers为品牌的女性能量饮料。美国Sanbazon推出了以阿萨伊果汁为载体的超级水果能量饮料系列。蛋白饮料是功能饮料的另一代表，蛋白饮料中蛋白质的含量为5%～15%，饮用蛋白饮料可以满足那些吸收基本营养物质的需要，同时也成为一种体重管理和健康的生活方式。红牛和怪兽占据了全球能量饮料的前两位。在北美市场，怪兽已经超过红牛占据市场第一的份额。值得注意的是，以美国安利为首的直销企业也介入了能量饮料行业，6种汉方植物提取物和咖啡因、B族维生素的组合让消费者耳目一新。

欧美特殊用途饮料的效用：激发能量，如美国怪兽能量饮料；对咖啡因和烟酸敏感的疲劳人群；提供给工作族精力，使其清醒；补充维生素，适合年轻人尤其是女性群体。

二、日本特殊用途饮料的发展现状

2012年以前，日本特殊用途饮料市场还是以大正制药、武藤制药、佐藤制药等口服液类小容量功能性饮料为主，配方上使用咖啡因、B族维生素和牛磺酸，以特定功能性诉求为主。随着红牛进入日本市场，三得利将美国星巴克双倍咖啡能量饮料和女性能量饮料引入日本，朝日也将美国怪兽能量饮料引入日本，日本的功能饮料市场开始向大容量的饮料化功能性饮料市场发展。紧接着麒麟、日本可口可乐、可尔必思、好侍相继进入饮料化功能饮料市场。新产品层出不穷，如明治推出了玛咖系列功能性饮料，三得利推出了大容量能量饮料，朝日推出了玛咖结合咖啡因支链氨基酸的功能性饮料，连传统的乳酸菌饮料生产商可尔必思也推出了以阿萨伊果汁为主体的能量饮料。特别是2015年，日本能量饮料市场取得了长足发展，好侍推出了Samuride，大正制药推出了Raizin，日本可口可乐推出了亚洲能量饮料Burn，佐藤制药推出了Yunker Energy，本地饮料巨头三得利推出了Regin Energy、Dekavitac，隶属于三得利的日本百事可乐推出了Pepsi Energy Cola，Pokka Sapporo的Kireto Lemon能量饮料，同时，值得注意的是，Pokka Sapporo推出了针对女性的能量饮料Kireto Lemon Energie。

东南亚市场

对比欧美市场，东南亚市场更适合娃哈哈茶饮料产品，原因有三，如下图所示。

原因一　消费人群的购买力更符合普通产品。东南亚消费人群的整体购买力远低于欧美市场，那么，娃哈哈的普通茶饮料就更能满足东南亚消费群体了

原因二　消费人群更容易接受茶饮料产品。东南亚自古受到中国影响，其生活习俗与中国人相似，包括饮茶习惯。因此，茶文化在东南亚国家有一定的基础

原因三　消费人群更容易接受中国品牌。东南亚拥有很多华人，大部分华人能够讲汉语，因此能轻易理解“娃哈哈”的含义

东南亚市场更易接受娃哈哈的原因

基于以上对消费人群的分析，可以看出娃哈哈的茶饮料更适合东南亚市场。

相关链接

宗庆后：娃哈哈暂不上市 海外战略首选东南亚

2009年11月5日，中国最大的饮料企业——杭州娃哈哈集团在杭州市萧山体育中心举行成立22周年盛大庆典。娃哈哈集团董事长宗庆后对腾讯财经表示，目前娃哈哈海外市场份额还很少，走出去将从东南亚市场入手。宗庆后认为，娃哈哈目前不缺资金，而现在的资本市场炒作和投机者太多，因此娃哈哈暂不考虑上市。

以下为访谈实录：

腾讯财经：娃哈哈已准备启动走出去战略，请问有无更具体的计划？困难在哪里？

宗庆后：企业做大做强之后，必然要走国际化道路，目前娃哈哈海外市场份额还很少，走出去将从东南亚市场入手。前不久，菲律宾总统邀请娃哈哈去考察，营养快线在当地的反响不错，我们准备派人过去调研市场，做好投资准备。

腾讯财经：保健饮料是娃哈哈下一步发展的重点，具体投入有多大？

宗庆后：过去人们喝饮料只是为了解渴，今后娃哈哈将瞄准降血脂、降血糖的保健饮料进行投资，公司已在西藏地区研发青稞系列饮料，该类产品有降血脂功效，具体投资要看市场反响再定。

腾讯财经：娃哈哈目前还是非上市企业，有无计划何时登陆国内A股市场？

宗庆后：娃哈哈目前不缺资金，有150亿元放在银行。现在的资本市场炒作和投机者太多，不确定风险太大，我是做实业出身的，只想踏踏实实把企业做大，不想进入资本领域。

相关链接

斥资百亿购进数百条生产线 娃哈哈逆势扩张进军国际市场

2009年是杭州娃哈哈集团有限公司走过的第22个年头。在金融危机的背景下，娃哈哈集团逆势而上，连续领跑中国饮料业。

据娃哈哈集团提供的数据显示，多年来，娃哈哈集团共实现营业收入1817亿元，创造税收133亿元，企业总资产268亿元，年产饮料1000多万吨。

多年来，娃哈哈不断推出新产品，尤其是近两年，娃哈哈每年推出2～3种健康、新颖的新产品。2008年年底，娃哈哈重点攻关的，具有抗氧化、低糖低酸的新产品Hello—C果汁饮料和啤儿茶爽风味饮品成功上市，2009年上半年已实现产量35万吨，销售收入13亿元，成为娃哈哈销售的新增长点。

金融危机令众多企业面临严峻的生存考验，但娃哈哈集团却交出了一份漂亮的成绩单：2008年，娃哈哈集团完成饮料产量832万吨，比上年同期增长20.83%，占全国饮料总量的13%左右；实现营业收入328亿元，同比增长27.2%。

2009年11月3日，娃哈哈投资100多亿元从美国、法国、德国、日本、意大利等国引进330余条世界一流的自动化生产线，主要生产含乳饮料、饮用水、碳酸饮料、果汁饮料、茶饮料、保健食品、罐头食品、休闲食品等8大类100多个品种。在逆势扩张的战略下，2009年上半年，娃哈哈集团饮料产量达543万吨，实现销售收入185亿元，比去年同期增长24%。

对于未来的规划，娃哈哈集团董事长宗庆后表示，首先，要把饮料做强做大，把饮料从解渴转型到健康。创新研发降血脂、降血糖的保健饮料。其次，要完善全国的布局。娃哈哈已经在除海南省以外的各省都有至少一家工厂，接下来还要增加，并且不断扩大规模。最后，还要向国际市场发展。目前菲律宾已经发出让娃哈哈建厂的邀请，娃哈哈有意从东南亚开始，逐步向全世界进军。

另外，娃哈哈还把经济效益和社会责任很好地结合在一起。其对口支援项目受到了各地的欢迎，并且带动了其他企业到贫困地区投资办厂，成为扶贫帮困成功的实践者。

【拓展阅读】

认清形势　抓住机遇　迎接新一轮经济发展高潮的到来

2014年10月22日上午，2014世界杭商大会在杭州开幕。著名杭商代表、杭州娃哈哈集团董事长宗庆后在会上做了题为《认清形势 抓住机遇 迎接新一轮经济发展高潮的到来》的发言。以下为发言全文：

尊敬的龚书记、张市长、各位领导、各位企业家朋友们：

大家好！今天市委、市政府在此召开世界杭商大会，我们杭州籍商人及在杭州经商的商人欢聚一堂，共商经济发展大计，充分体现了市委、市政府对我们企业家的关怀与支持。首先，请允许我代表杭商向市委、市政府各位领导表示衷心的感谢！

杭州曾经是南宋的首都，而南宋是我国历史上经济、文化最发达的社会阶段，创造过GDP超过全世界一半以上的辉煌历史。清朝末期在杭经商的胡雪岩助左宗棠收复了新疆，为我们祖国保留了一块资源丰富的宝地。改革开放以来，杭商又成为中国民营经济的一支劲旅，在去年的中国民营企业500强中，杭商占了10.6%。我们可以自豪地说，我们杭商为家乡杭州的经济发展做出了巨大的贡献，我们为家乡争得了荣誉，亦为我们家乡在中国争得了经济地位。杭商能发展到今天，我认为既有历史、文化、环境的滋润，亦与我们自己的努力分不开。在封建社会，商人是三教九流中的末三流，但是杭州人并没有鄙视我们商人，特别是改革开放以来，杭州市委、市政府为我们构建了一个重商、尊商的氛围，为我们创造了一个很好的投资环境。同时，我们杭商很低调，免得别人嫉妒，使我们减少了干扰；我们实在，不做自己没有能力做的事情，让我们规避了风险，得以稳健发展；我们勤奋，扎扎实实做事，任何事业都是奋斗出来的，天上不可能掉下大馅饼，只有努力奋斗，才会有今天的丰硕成果；我们诚信，拥有商誉、信誉，人家才会相信你，才会放心、大胆地与你做生意，我们才能把生意做大。就是杭商的这些优良传统，造就了一代又一代的杭州商人，今天我们——现代的杭州商人绝不能辜负老祖宗的期望，绝不能辜负家乡政府与父老乡亲们的期望。我们要继续发扬杭州商人的优良传统，让杭商精神更加发扬光大，为家乡经济发展做出新的贡献，为我们实现习总书记提出来的中华民族伟大复兴的中国梦做出新的贡献。下面，我就当前的经济形势与杭商的进一步发展提出一些粗浅的看法与建议，若有不当之处，敬请批评指正。

一、当前的经济形势与发展机遇

当前，经济危机尚没有过去，而且我认为世界经济的复苏还有相当长的时期。尽管世界经济危机对我们过去靠投资、出口拉动的经济亦带来了很大的冲击，特别是我们面临着转型升级、结构调整、解决长时期高速发展所积累的问题，但我坚信我们国家还有一个高速发展的阶段，因为我们有13亿多人口的大市场，我们还有很大一部分贫困人口，我们还有很多事情要做，这就给我们带来更多的发展机会。党的十八大提出，在2020年要让老百姓的收入翻一番。收入翻一番就等于消费翻一番，供给翻一番，也就是经济翻一番。党的十八届三中全会党中央又提出了366项改革措施，特别是审批制度改革，这将会为我们的企业进一步松绑，搞活经济。同时，党中央又提出了保护私有财产、搞混合所有制经济、允许全员持股、鼓励发展民营经济等改革措施。实际上我们国家随着改革的进一步深入，正孕育着新一轮经济高潮，亦是我们民营经济的第二个春天。我们国家的经济发展将进入良性的新常态，亦就是我们将从盲目扩张型转向环保效益型，我们将从中国制造转向中国创造，中国产品走向中国品牌，中国速度走向中国质量。因此，我们要认清形势，抓住机遇，做好准备，投入与迎接新一轮发展高潮的到来。当前我们的习总书记、李总理频繁出国为我们寻找商机，而我们作为肩负发展经济建设责任的企业家们，还有什么理由不行动起来为发展经济做出新的贡献!

二、当前经济形势下发展经济应该找准方向

当前经济形势下我们发展经济要找准方向，一是政府要减轻企业、老百姓的税负，要让老百姓增收，提高消费能力，拉动内需；作为企业来讲，亦要主动为员工增加收入，促进拉动内需。二是瞄准欧洲，引进先进的技术，引进先进的设备，引进人才，提高产业技术水平，提高产品附加值，提高产品的档次，加快我们企业的转型升级。三是瞄准非洲等欠发达国家，将我们的过剩产业转移出去。改革开放三十多年来，我们成为制造业大国，而且过度发展造成了一些产业过剩，而那些欠发达国家还没有这些产业，我们将这些产业转移出去，不但帮助了这些国家的发展，同时亦调整了我们的产业结构，发展了我们自己。

三、具体如何实施新的产业发展措施

1．走专业化协作的道路，抱团共同发展

我们浙江也好，杭州也好，尽管在全国是民营经济发展最早、最好的地区，毕竟当初我们都是白手起家，规模都很小，在当前面临转型升级、创新、提升产品技术、质量与档次的过程中，亦面临着承担不了风险、无力进行的局面，亦就是大家通常说的“早转早死、不转等死”。同时，这么多年来，我们的企业基本上都是单打独斗，没有形成很多的有竞争力的强势产业链，因而在市场经济越来越深入、竞争越来越激烈的情况下，不少中小型企业缺乏竞争力。因此，我建议我们杭商走专业化协作的道路，抱团共同发展，找准几个产业，大企业负责产品研发、市场开发，承担风险，中小企业配套加工、生产，做到有技术的出技术，有钱的出钱，有经验的出经验，整合在一起，政府再给予支持与扶持，形成我们的核心竞争力，让中小企业共同发展，杭州亦可再创几个强势的产业，让杭州经济得到长期、持续的健康发展。

2．抱团走出去，消化过剩的产业

随着改革开放30多年来扩张型的高速发展，我们亦面临着很多产业过剩及产品落伍，面临着被淘汰的境地。最近，受在安哥拉经商的浙商詹永巧先生的邀请，我和康恩贝的胡总、民生的竺总考察了非洲的安哥拉，随后我又考察了马达加斯加，发现其实非洲并非人们想象的那么危险，像安哥拉有120万平方公里的国土面积，3500万公顷可耕地可开发，工业几乎是空白，所有产品都是进口的，目前尽管有石油出口，每年有800亿美元的收入，但解决不了老百姓的就业及吃饭问题，迫切需要引进外资，开发农业、渔业、工业、商业与房地产业，同时，该国还有许多木材资源、矿产资源、渔业资源，而且在该国投资，根据解决就业人口的多少，可享受5～10年的免税待遇，当地的物价很高，且产品可以辐射周边的非洲国家。这次我们拜会了该国的工业部长、商业部长、卫生部长，并与该国政府签订了合作备忘录，要求他们将进口产品目录和数量整理出来，我们希望整合浙江生产这些产品的企业到该国搞个经济开发区。同时，组织我们的渔民、农民去远洋捕捞及进行农业开发，建钢铁厂、开铁矿、开发地产。总之，这些国家目前处于我们改革开放的初期，商机很多。我们亦走访了那里的一些中资企业，了解到他们的净利润率都在40%以上。

马达加斯加亦有60多万平方公里，2000多万人，是在印度洋上的世界第四大岛，其整个国家经济相当落后，整个国家的GDP还不如我公司的营业收入高，但它亦有很好的旅游资源、矿产资源、木材资源，大量的土地待开发，而且前段时间该国总理在青奥会期间访问中国时，李克强总理答应他们在该国搞一个经济开发区与出口贸易区。该国的出口贸易区可以免税15年，随后无限期减半收税。这次我在大使的陪同下拜访了他们的总理、总统、总理顾问、工业部长、旅游部长，该国工业部、旅游部亦为我们起草了投资备忘录，在该国亦搞一个经济开发区及开发旅游、农业，而且该国进行出口加工业务出口欧美亦免税，且无须配额。我想这些地方都有很大的发展机遇，政府可牵头，给予些支持，将我们过剩的产业抱团走出去。一则有规模地走出去，当地政府会比较重视与支持，免得受欺侮；二则抱团出去，依法、守规矩地去经营，同时亦为当地老百姓造点福，亦会受到人家的拥护与尊重；三则在人家还没有开发的时候，我们率先去开发，利润空间比较大，而且不怕没有钱赚；四则解决了我们的过剩产业面临淘汰的命运，同时我们的设备、原料从杭州出口，带动我们的出口，拿回来的资源从杭州进口，同样可以为杭州创造税收。

回来后我在北京又与国开行中非基金进行了会谈，他们亦愿意支持我们一起走出去，提供资金支持及业务上的合作。

四、改变对财富的看法，构造一个投资发展的良好氛围

改革开放初期，我们曾经有过一次姓资、姓社的讨论，当前我认为有必要再进行一次姓公、姓私的讨论，对财富有个正确的看法。我认为，改革开放以来，党和政府鼓励民营经济发展，允许老百姓拥有财富，调动了老百姓创造财富的积极性，使我国经济得到了高速的发展，亦使我们民营企业家积累了一定的财富。但我认为，这些财富尽管名义上是私人的，但实际上除了自己吃用之外的，财富仍然是社会的，只要不拿到国外去，仍然是国家的，而且现在的民营企业家已经不是初期为活命而赚钱，而已经上升到为履行社会责任、在为发展经济辛勤工作了。因而，政府要把企业家从利用对象转换为依靠对象，要构建一个尊重企业家、尊重财富的氛围，要关心企业家，鼓励企业家为经济发展做出新的贡献。对于先富起来的民营企业家而言亦要饮水思源，促进共同富裕，只有大家都富裕了，我们的社会大众生活才会幸福、美满，我们的国家才会更加繁荣富强，我们的财富才会被尊重。因此，我们要让企业的发展成果与员工共享，让员工的收入不断提高，生活水平不断提高，亦可以实现全员持股，让员工成为企业真正的主人，人人成为老板了，家家也就都安居乐业了。这亦就是习总书记所提出来的实现中华民族伟大复兴的中国梦，我们都应该为此而努力。

最后，我希望本次世界杭商大会成为一个认清形势、把握机遇、振奋精神、政企合作、共振杭州经济的大会，而不是一个空聊的大会。作为企业来讲，要继续为发展经济做出努力，对于政府来讲，要进一步完善投资环境，出台一些扶持企业加快经济发展的政策，减轻企业的负担，共同为杭州的经济发展做出努力，为尽快实现中华民族伟大复兴的中国梦而努力奋斗。

【拓展阅读】

娃哈哈要做机器人　宗庆后考虑海外收购

实体经济该如何搏击经济寒冬？2015年11月27日，娃哈哈集团公司董事长兼总经理宗庆后对话腾讯财经时呼吁：给企业放权减负、给个人减税增收，以增强企业活力和社会消费力。

娃哈哈这家诞生于28年前的本土快消巨头，也正探索各种可能，继续冲击千亿元销售目标。在娃哈哈更广义的多元化中，包括机器人产业尝试、海外收购；宗庆后甚至还十分看好机器人制造、文化、旅游等可以满足消费升级需求的行业，尽管这与娃哈哈最擅长的软饮相差甚远。

谈税费重：2%的企业交了90%的税

“现在2%的企业交了90%的税，这就说明现在税负太重，小企业根本交不起，如果税负降下来大家照章纳税，我看税收亦不会少。”“建议大幅提高工薪阶层的个人所得税起征点，培育中产阶级。个人所得税的征收办法不用太复杂，实际上很简单，规定多抚养一个人就增加多少起征点额就可以了。”

2015年11月27日，在参加腾讯财经年会时，宗庆后呼吁在经济寒冬下坚守实业。白手起家的宗庆后今年正好70岁，每天仍旧工作到晚上11时。在开口谈娃哈哈集团境况前，他先代表民营企业呼吁减税减负、平等待遇，同时给普通百姓增收。

宗庆后说：“目前实体经济特别是制造业处境确实非常困难，投资成本太高，发达地区工业用地都到100多万一亩，各项费用亦太高，水、电、汽初置成本都很高。因此希望国家制定鼓励实体经济，特别是制造业发展的相应政策，鼓励实体经济制造业的发展。”

在和其他企业家沟通的过程中，宗庆后发现更消极的现实是，部分企业家缺乏信心、情愿关门养老。造成这种危机的原因，正是企业税费负担重、贷款利率高、实体经济没有利润空间。除了负担重，企业被束缚也是问题之一。

宗庆后说：“政府要给老百姓放权，目前的审批制度改革阻力太大。我认为这项改革并不复杂，不用怕一放就乱，只要制定好各行业的标准，符合标准你就去干，不符合标准我就查封你。就像我们生产饮料的企业，每开发一个产品都要领生产许可证，您说企业如何创新？”

宗庆后呼吁的另一重点在于给普通百姓增加收入。他说：“政府不要老是眼睛盯着老百姓口袋里的钱，想怎么把它掏出来。政府要想法子往老百姓口袋里装钱。有钱人的消费已拉不起来了，该有的都有了。现在要拉的是收入不高、尚消费不起的人群的消费。只有提高他们的收入，才能真正将消费拉起来。”

谈娃哈哈：争取泛“90后”消费者

一直保持高速增长的娃哈哈也因为各种原因增长放缓。宗庆后将这归咎于谣言困扰，他坚信饮料行业仍将“长青”，王牌单品营养快线、爽歪歪仍旧占据较大的（市场）份额；更符合健康需求的包装水领域，娃哈哈也正推出新包装满足多重需求；而泛“90后”是娃哈哈着重争取的客户群体。

宗庆后说：“在这次经济危机中，娃哈哈与其他饮料企业一样，亦遇到了一定的困难与问题：一是饮料消费主体泛“90后”的消费观念改变了，他们的消费档次越来越高了，而企业的生产成本也越来越高了，销售渠道上的成本亦越来越高了，过去越便宜越好卖的状况已一去不复返，企业盈利生存发展的难度也更高了，市场竞争亦更激烈了，出现产能过剩的状况。二是这两年特别是网络谣言对我们产品的攻击、对我们的伤害比较大，使我们的销售额有所下降。”

宗庆后数年前就为娃哈哈集团定下了千亿元目标，但至今仍有距离。为接近目标，多元化是娃哈哈的选择之一，早前从童装到商场都有尝试，但结果远不如外界所期待的。现在宗庆后仍然在寻找更多的机会。

宗庆后说：“我们这几年也尝试了多元化，社会上也都说我们没成功。但如果作为小企业来讲，应该也算成功了；对于大企业来讲，确实不算成功，因为这个市场在变化。”

谈多元化：考虑海外收购机器人技术

娃哈哈早有涉足装备制造业，但近年来将其提到了更高的位置，甚至在考虑海外收购。

2013年，娃哈哈成为工信部与浙江省政府信息化与工业化融合的试点单位，完成了信息化系统的建设。现在娃哈哈从经销商的订单开始到安排生产计划、发货计划、物资供应计划、生产车间成本核算、质量监控、质量追溯、售后服务、财务决算等已全部纳入了信息系统管理，提高了效率，降低了成本。

娃哈哈在两个机械厂的基础上准备发展装备制造业，现在已生产了机器人及大部分饮料机械设备。

宗庆后说："现在我们也在尝试装备制造业，你应该发现我们原来有两个机械厂，这两个机械厂规模也不小。这两年我们也是自己做模具，为公司节省了很多成本。应该说这么多年做下来，也可以在这个行业发展，所以我们前段时间也做了机器人，但是这个档次还比较低，所以还是要往高档次发展。"

为升级装备制造业，宗庆后希望能通过收购获得技术。宗庆后说："现在机器人的关键部件还是进口的，成本比较高。目前我们正在联系，希望能收购生产关键部件的相关企业，把这项技术拿回来，在国内发展。"

第五章
娃哈哈，合作共赢不可少

导言：

“诚信”与“双赢”是娃哈哈与供应商、经销商合作的基本原则，娃哈哈坚持“自己要赚钱，首先要让别人赚钱”的理念，并且把这种理念推广到与其他领域的合作上。

第一节　与供应商的合作

娃哈哈与供应商的双赢合作体现在六个方面，如下图所示。

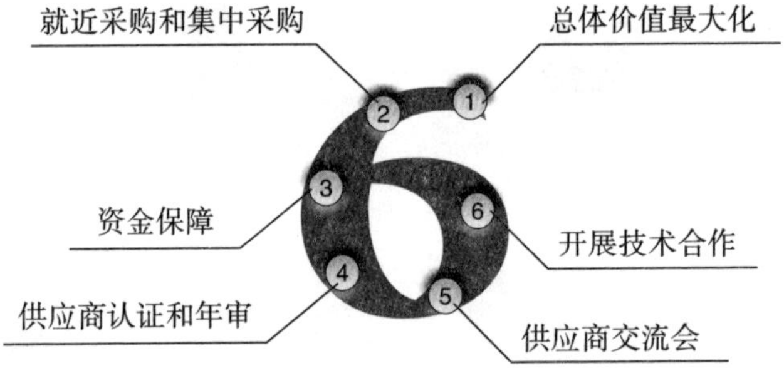

娃哈哈与供应商的双赢合作

总体价值最大化

娃哈哈致力于与供应商建立战略联盟，追求“总体价值最大化”，以互惠互利的原则实现与供应商公平、互动、双赢的战略伙伴关系，推动和促进双向交流，共同提高供应链效率。在公司的原料供应商中，有一大批世界500强企业和国内500强企业。

就近采购和集中采购

娃哈哈通过就近采购和集中采购相结合、战略采购等采购手段，加之完善的供应商管理和公开招标系统，务求尽可能地降低成本、提高质量、保证服务，为企业创造价值，提高企业竞争力。

资金保障

娃哈哈强大的资金保障和良好的口碑信誉，吸引供应商获得价格优势。娃哈哈拥有100多亿元的流动资金，对采购实行货到付款的方式，从不拖欠货款，供应商资金回收快。同时，由于娃哈哈的口碑以及良好的信誉，使得供应商凭借和娃哈哈签订的采购合同，就能成功获得银行的贷款。这些都吸引着供应商承诺提供优先供应。

供应商认证和年审

娃哈哈对潜在的供应商进行认证，通过现场审核全面了解供应商的生产运营状况、技术水平、研发能力，以避免采购风险；每年年末进行一次供应商评级，根据供应商提供产品的质量水平、交货能力、服务能力、价格水平、技术能力等进行评估，将供应商分成A、B、C三级进行管理，并建立“有质才有量、按质定量”的订单分配原则。

供应商交流会

娃哈哈经常召集供应商举行交流大会、质量改善会议，如纸箱质量会议、胶带质量会议等，公司技术部门与供应商相关技术人员进行交流，分析讨论存在的问题并就解决方案达成共识，且向供应商提供技术培训、现场指导等，帮助供应商提升经营能力，实现双赢。

开展技术合作

娃哈哈会与一流的供应商开展技术合作。按照双赢的原则，国际化供应商提前参与到娃哈哈的产品设计阶段，与娃哈哈一起研究攻关，最终成为娃哈哈稳定的供应商。国际最大的香料香精IFF公司与娃哈哈合作，研制出的娃哈哈非常系列产品一上市立即得到消费者的认同，当年销量即达7.4万吨，成功打入碳酸饮料市场。同时，IFF公司也成了娃哈哈的主要供应商。

【拓展阅读】

娃哈哈的供应商

下面为读者列举几个娃哈哈的供应商：

一、浙江上峰包装集团

浙江上峰包装集团与娃哈哈的合作始于1994年，之前为诸暨市上峰包装材料厂，企业总资产960万元，年销售额160万元，是一家濒临倒闭的小型包装企业。

1994年在接到娃哈哈集团的纸箱包装订单后，投入350万元用于技术改造，引进纸箱生产线设备，当年销售额即增至1500万元，利润达300万元，而娃哈哈系列产品包装占其总量的65%。娃哈哈公司的支持，不仅救活了一个企业，而且使一个濒临倒闭的企业坚强地跨出了发展的第一步。因此，一直以来，娃哈哈是上峰包装最大的客户，上峰包装也成为娃哈哈最密切的配套厂之一。上峰包装先后从意大利、德国引进包装印刷先进设备，建成5万平方米的胶印厂房。到目前为止，上峰包装已成长为总资产达10亿元、控股企业达5家的中国包装龙头企业。先后获得全国先进包装企业、浙江省“五个一批”重点骨干企业、浙江省高新技术企业称号，“上峰”品牌瓦楞纸箱被评为浙江省名牌产品。

二、“金田野”公司

在鱼米之乡江苏兴化，有一家寄托了当地农民厚望的“金田野”公司。1995年，公司把第一车芸豆卖给娃哈哈，从此架起了娃哈哈和江苏中部地区农民间的桥梁。由于娃哈哈信誉好，价格实惠而且从不拖欠货款，这座桥梁越拓越宽，红小豆、糯米、米仁……源源不断地发往杭州。“金田野”也从一家农户变成了有着万吨大仓库和一流粮食加工生产线的企业。“金田野”红红火火的背后，是38000多户受益的农户。他们的粮食不愁销路了，收入也有了保障。

三、德国克朗斯公司

德国克朗斯公司是世界包装设备的主导生产商，产品畅销世界各地。但在2008年世界经济金融危机中，其在欧洲和北美的销售处于瘫痪，发展岌岌可危。

所幸娃哈哈在经济形势严峻的情况下逆市飘红，扩大生产规模，从克朗斯公司采购了价值1.4亿欧元的制瓶机等设备，解了他们的燃眉之急。2009年5月，克朗斯集团董事长官喜德先生亲赴中国拜会宗总并向宗总表示感谢：感谢娃哈哈在金融危机中仍给了克朗斯公司大量订单，使得他们在严峻的形势下，得以继续维持经营。

【拓展阅读】

杭州娃哈哈集团有限公司2017年纸箱包装的招标公告

公告编号：××××××

杭州娃哈哈集团有限公司是国内最大的食品饮料企业之一，工厂遍布全国各地，2017年预计全国纸箱需求额20亿个。为扩大供应商队伍，择优合作，现面向全国选择资质优良的供应商，欢迎符合资质条件的供应商踊跃报名。娃哈哈针对合格供应商进行公开招标，决定中标供应商。

现公告如下：

一、招标物资

招标物资如下表所示。

物资名称	参与招标方式	供货地点
水印、胶印等印刷方式的纸箱	常年接受报名，供应商通过材料审核和现场审核后，获得参加招标资格	浙江、苏皖、湖北、山东、晋豫、陕甘、青海、新疆、内蒙古、津冀、辽宁、吉黑、西藏、四川、重庆、湖南、江西、云黔、广西、广东、福建（具体我司基地见清单）

二、供应商基本要求

（1）资质要求：报名供应商注册登记超过3年，请报名供应商提供最新的企业简介、企业法人营业执照、税务登记证、印刷许可证。

（2）质量要求：符合相应的国家标准或行业标准，以及依据客户要求制定的严于客户要求的企业内控标准。

三、联系方式

类别	姓名	电　话	邮　　箱
纸箱	××	××××××	××××××@××.com（附件大小不限）
	××	××××××	××××××@wahaha.com.cn（单个邮件附件最大10米） ××××××@××.com（附件大小不限）

传真：××××××邮编：××××××

地址：××市××路××号，杭州娃哈哈集团有限公司物资供应部

四、报名方式及要求

（1）报名表见附件表格，必须真实、详细填写。

（2）请将相应的资质资料、报名表、联系人名片于报名截止日前发到联系人刘尊的电子邮箱（推荐发QQ邮箱），报名表直接提供word文档，其余材料为盖章扫描件，所有文件请打包压缩成一个文件，文件名为“××公司纸箱报名材料”。

（3）长期欢迎符合资质要求的供应商报名，作为下一轮招标的候选供应商。

（4）若报名材料存在不真实的内容，5年内我司将取消与其合作的机会。

（5）相关报名表可以在我司官方网站www.wahaha.com.cn的招标公告处下载。

五、招标流程

（1）报名材料初审：娃哈哈供应商资质审核小组根据相应片区的具体招标时间，提前3个月对报名供应商的材料进行初审。

（2）现场审核：通过初审的供应商，娃哈哈供应商资质审核小组会安排人员进行现场审核，审核时间为招标前2个月。未通过现场审核的供应商2年内不再具备入选资格。

（3）标书发放：现场审核通过，纸箱打样或技术审查达到要求，综合质量排名前列的供应商，娃哈哈招标小组会在招标前10～15日将标书发到供应商报名表中销售联系人的邮箱。

（4）现场招标—结标—签订合同。

六、我司纸箱基本工艺要求

常用纸箱类型	工艺要求			
	印刷方式	表面处理及相关要求	楞型	连接方式
水印单瓦纸箱	水印	水性油墨、防掉色、褪色	B	钉合或黏合
水印双瓦纸箱	水印	水性油墨、防掉色、褪色	BC/BA/EB	钉合或黏合
覆膜彩箱	胶印	防晒油墨、表面覆膜	B	黏合
水性上光彩箱	胶印、凹版预印、高网柔印	防晒油墨、耐磨光油	B	黏合
UV上光彩箱	胶印	防晒油墨、UV上光	B	黏合
礼盒	胶印	防晒油墨、表面覆膜	E	黏合且自钩底
精品礼盒	胶印	防晒油墨、表面覆膜	E	黏合且自钩底
纸箱厂负责安装塑料内垫和提手				

七、注意事项

（1）设备标准。

报名的新供应商水印瓦线门幅不得低于2000毫米，水印印刷机不得低于5色，必须有平压平模切机；胶印印刷机设备门幅不得低于1420毫米，不得低于5色；礼盒印刷机设备门幅不得低于1020毫米，不得低于6色，且有平压平模切机，局部水性或UV上光、覆膜等设备，自动贴窗机，带钩底的自动糊盒机。

（2）纸箱供应商原则上就近选取，距离我司生产基地超过150公里的不予考虑，第3点中标注的生产基地相关印刷类型供应商的距离不受限制，但原则上不得超过300公里。

（3）我司以下生产基地相关印刷类型的优秀供应商不足，凡有报名者优先考虑。其余生产基地相关印刷类型的供应商暂无迫切需求，非特别优秀的供应商不予考虑。

韶关（水胶印）、怀化（胶印）、衡阳（水胶印）、白山（胶印）、虎林

（水胶印）、莲花山（胶印、礼盒）、南昌（胶印、礼盒）、吉安（胶印、礼盒）、天津（胶印、礼盒）、高碑店（胶印、礼盒）、山西（水胶印、礼盒）、天水（胶印、礼盒）、陕西（胶印、礼盒）、巢湖（胶印、礼盒）、拉萨（水胶印）、重庆（胶印、礼盒）、涪陵（胶印）、西双版纳（水胶印）、江山（水印）、衢州（胶印）、杭州地区包括海宁、下沙、萧山基地（水胶印、礼盒）。

（4）柔预印设备的印刷精美度与胶印仍有一定差距，经慎重考虑，我司今后需求仍以水胶印为主，暂缓对柔预印的推广。

八、我司生产基地清单

娃哈哈生产基地清单如下：

片区	基地	片区	基地	片区	基地	片区	基地	片区	基地
××	××	××	××	××	××	××	××	××	××
××	××	××	××	××	××	××	××	××	××
××	××	××	××	××	××	××	××	××	××
××	××	××	××	××	××	××	××	××	××
××	××	××	××	××	××	××	××	××	××
××	××	××	××	××	××	××	××	××	××
××	××	××	××	××	××	××	××	××	××
××	××	××	××	××	××	××	××	××	××

特此公告！

杭州娃哈哈集团有限公司

物资供应部

2017年1月9日

第二节 与经销商的合作

娃哈哈与经销商的合作坚持“利为基础，义为纽带”，与经销商结成了“利益共同体”。

联销体联天下

联销体制度

娃哈哈通过联销体制度约定双方的责权利，通过合理分配厂商之间的利益关系，与8000多家经销商建立联销体，把渠道上各个层次的客户及客户占有的资金、市场、仓储，甚至配送体系等各项资源有机整合起来，从而变一家企业在市场上与人竞争为几千家企业合力一起竞争。同时，通过帮助经销商发展二级联销体，将市场网络一直延伸到农村，使娃哈哈产品能迅速送入消费者手中，短短一周可将公司新品铺向全国300多万个零售终端。

完善的网络建设

娃哈哈的网络建设已经达到可以“量化管理”的地步，平均5万人口便有一个二批商，平均30公里便有一个经销商。

娃哈哈根据资金实力、仓储配送能力、终端网络完善度、客情关系等方面，筛选出优质经销商来承载销售任务，并对经销商队伍定期进行任务完成率、辖区人均消费、终端网络建设、回款情况等方面的考核，稳固并壮大经销商队伍。

经销商利益保障

娃哈哈给予经销商的利益保障主要表现在以下几个方面，如下页图所示。

保障一	在产品流通过程中，娃哈哈设定了合理的价差，使各级经销商和零售终端的利润空间预期明晰，保证每一级的经销商都能获得利润
保障二	采取年终返利的政策，对经销商所打的保证金，给他们高于银行的利息，保障经销商的利益
保障三	在产品推广阶段，娃哈哈负责广告宣传投放，并向经销商提供相应的推广费，安排人员排货架，策划推广方案，帮助经销商做好新品推广
保障四	实行区域销售责任制，划分客户销售责任和销售范围，严格控制区域冲货，保障客户利益
保障五	提供客户培训：在各省销售分公司设立专业的兼职培训师队伍，定期给经销商进行业务、营销、管理、财务等多方面的培训；在每年举办的全国订货会上，安排专业培训师对经销商进行培训，为客户提供现场咨询解疑，提高客户的管理水平，灌输先进的销售知识
保障六	建立“以消费者需求为导向”的沟通渠道，通过不断改进与消费者沟通的方式来满足消费者的全面需求，从平面化向立体化发展，拓宽沟通渠道，增加与消费者接触的频率；从纸制化向电子化发展，开拓娃哈哈俱乐部的网络平台，为消费者提供个性化的活动中心；从粗放型向精细型发展，提供给消费者便捷高效的服务，提高消费者对公司产品的喜爱度
保障七	每年11月，娃哈哈召开经销商大会，通报下一年销售策略与计划，分析经销商遇到的困难、问题，提出应对措施，沟通合作事宜
保障八	每年评选全国优秀经销商，并给予重奖，载入娃哈哈史册

经销商利益保障

相关链接

娃哈哈经销商称缺爆款　一年营业收入少了200多亿元

2016年9月，在中华全国工商业联合会（简称“全国工商联”“工商联”）

发布的《2016中国民营企业500强发布报告》中，有关娃哈哈的销售数据引爆业内。报告指出，这家曾经红极一时的饮料帝国在2015年营业收入为494亿元，相比上一年同期下降了226亿元，收入排名也因此下降了39位。

其实，据《华夏时报》了解，从2012年开始，娃哈哈的销售收入便已经下滑了，如果按照工商联发布的销售数据，2015年将是娃哈哈业绩下滑最多的一年。只是令人好奇的是，娃哈哈这一年究竟怎么了？

收入为何大幅下降？

没有上市的娃哈哈以一种特别的方式曝光了自己的业绩。

在《2016中国民营企业500强发布报告》中，共有21家食品企业进入民营企业500强，新希望、伊利、娃哈哈、农夫山泉等食品企业纷纷入围榜单。而众多未上市企业的业绩也在此次的榜单中得到公开发布，成为榜单的一大亮点，也对外界揭开了规模很大，但未上市企业的神秘面纱。

其中，最引人注意的是发生很大变化的娃哈哈。报告指出，其在2015年的营业收入是494亿元，排名70位。而在2014年其营业收入为720亿元，排名31位。娃哈哈怎么会出现226亿元的业绩下滑呢？

对此，娃哈哈相关负责人未能给予回复。

不过，该份报告中所披露的伊利集团603亿元的营业收入是符合上市公司财报中所披露数据的。同时，工商联方面也表示，中国民营企业500强依据每年民营企业全年经营情况调研评议，民营企业自愿参加，自填调查表，经当地工商联和有关部门确认后，由全国工商联组织各界权威专家客观公正评定。

值得注意的是，如果上述销售数据属实，那么2015年将是娃哈哈有史以来业绩下滑最严重的一年。

公开数据显示，2012年，娃哈哈实现的营业收入为636亿元，同比下滑了5%。2013年原本内部定的销售任务是800亿元，结果只完成783亿元。2014年，娃哈哈年度目标是实现销售额1023亿元，但最终只完成728亿元，业绩同比下滑7%。在娃哈哈召开的2015年销售工作会议上，杭州娃哈哈集团有限公司董事长宗庆后曾对经销商们坦承，2014年是近几年来销售业绩最差的一年。如今，娃哈哈离当年许下的千亿元目标渐行渐远。

对于业绩的下滑，宗庆后很多时候，把更多的原因归结于造假和媒体炒作以及网络谣言。宗庆后认为，舆论环境对饮料行业的冲击很大，对消费者产生了负面影响。

然而，饮料业务增长进入瓶颈期是不争的事实。现已超过70岁的宗庆后并不轻言退休，在他的帝国中，还在精细地规划着娃哈哈的未来。2010年就曾对外表示要“再造一个娃哈哈”，争取3年内实现年销售收入1000亿元。为实现这一愿景，娃哈哈选择了多元化，从过去的饮料，到后来的童装、食品、商业、白酒，娃哈哈在不断地寻求自己新的增长点。但在这些多元化业务中，真正能为公司带来盈利的却没有几个。

即便如此，宗庆后在上述民营企业500强报告会议上依然表现出对娃哈哈的运筹帷幄，并透露2016年上半年，娃哈哈在出现负增长的情况下，依然缴纳了31亿元的税收。“尽管受到影响，但是总的来讲，问题不是很大。不管怎么样，关键是要把产品做好，企业管好。”宗庆后表示，“娃哈哈是高度集中下的分级授权管理，大权独揽，小权分散。”

“营销理念停在20世纪90年代”

众所周知，在娃哈哈内部，无论是什么原因的影响，最终让娃哈哈今非昔比的还是主业的问题。

“娃哈哈的下滑主要是品牌和产品的老化，这对饮料市场来说是致命的。另外，产品的利润下滑让渠道商的配合度也越来越差。”中国品牌研究院研究员朱丹蓬在接受《华夏时报》记者采访时表示，“加之其跟三、四线品牌的竞争和纠缠，和康师傅情况差不多。”

曾几何时，娃哈哈的饮料业务依靠了庞大的经销商队伍，经销商希望能有卖得动的爆款，新品推出后能迅速打开市场获得品牌影响力才是关键。而2016年4月，娃哈哈推出了3款饮料新品：C驱动、椰汁植物蛋白饮料“来一榨”和来自意大利的血橙橙汁。但目前来看，这3款新品已经淹没在统一推出的新品海之言、小茗同学里了。

可在宗庆后的观念中，只要产品好，渠道给力不愁东西卖不出去。“娃哈哈仍采用20世纪90年代的营销理念。”朱丹蓬说，任何产品的背后一定是找准最核心消费人群的需求，小茗同学采用娱乐营销手段获得了年轻消费者的青睐。

在2015年中国饮料工业协会年会上，宗庆后也表示：“我经常对研发人员说，娃哈哈发展到今天，很重要的一个原因就是要不断创新。创业初期实力弱，我们跟在别人后面搞跟进创新，有一点实力了就搞引进创新，成为龙头企业以后就必须自主创新。但这几年，我们的研发人员主要还是待在实验室里闭门造车，推出来的产品不能满足消费者的需求，很难打开市场。”

不仅娃哈哈的日子难过，其他饮料企业的日子也并不舒坦。可口可乐和康师傅等饮料企业近几年的业绩也不尽如人意。

业内认为，当前饮料市场分化，一些饮料替代产品的出现也影响了企业的业绩。由于消费者消费习惯和生活方式的改变，他们更愿意购买榨汁机，回家自己做果汁，还有一些消费者出门随手携带茶杯，以自己泡的茶替代饮料，甚至有很多消费者转向纯净水的消费。

综合以上因素，在朱丹蓬看来，娃哈哈2015年的挫败有必然性也有偶然性，南方洪灾也让整个饮料市场蒙上阴影。同时，中国饮料市场没有得到消费升级的红利，所以属于正常现象。

……………………………………………………………………………………………………

第三节 与其他企业的合作

娃哈哈与达能的合作风波

合作伊始

1996年，娃哈哈由于在国内上市失败，急于寻觅资金，最终与达能及百富勤合资成立合资公司。娃哈哈集团以现有厂房、设备、土地出资占49%的股份，香港百富勤与达能以现金出资占51%的股份，后因百富勤破产，达能成为合资公司最大的控股方。

股权之争

合作之初，娃哈哈占到了49%的股份，达能与百富勤加起来占51%。之后，香港百富勤在境外将股权卖给了达能，使达能跃升到了51%的绝对控股地位。

商标使用

（1）关于商标的约定。

合资公司成立之时双方在合作协议中约定，娃哈哈集团同意向合资公司转让价值为1亿元的商标。其中5000万元做投资，另外5000万元则向娃哈哈购买商标。但是，这个商标转让协议不符合中国的有关法律，未能通过政府审核。

（2）《商标使用许可合同》的规定。

后来双方在《商标使用许可合同》中规定："中方投资者将来可以使用商标在其他产品的生产和销售上，而这些产品项目已提交给娃哈哈与其合营企业的董事会进行考虑。"在接下来的几年中，娃哈哈集团先后建立了十几家与达能集团没有合资关系的非合资企业，主要生产饮料和食品，并以"娃哈哈"为商标。

达能强行并购娃哈哈

（1）成立与达能无关的公司。

1999年，宗庆后和中方决策班子商量决定，由职工集资持股成立的公司出面，建立一批与达能没有合资关系的公司。这些公司建成后，取得了良好的经济效益。

（2）提出收购。

2006年，达能以商标使用合同中娃哈哈集团"不应许可除娃哈哈达能合资公司外的任何其他方使用商标"为由，要求收购由娃哈哈职工集资持股成立并且与达能没有合资关系的公司。

（3）低价并购。

2007年达能更是抛出以40亿元的低价并购杭州娃哈哈集团有限公司总资产达56亿元、当年利润达10.4亿元的其他非合资公司51%的股权。收购一旦实现，中方投资者将丧失对娃哈哈的绝对控制权。

（4）双方的不满。

娃哈哈董事长宗庆后表示出强烈不满，认为《商标使用许可合同》实际上是另一种形式的商标转让合同，作为商标所有权人有权使用商标，被许可人无权干涉。

而达能也对娃哈哈给予了强烈指责，认为达能与娃哈哈是在公平、合法基础上签订的合同，娃哈哈合资企业享有独家生产、经营、销售娃哈哈品牌食品和饮料的权利。娃哈哈集团董事长宗庆后组建非合资企业，未经合资公司同意使用娃哈哈商标，违背了合作协议。

（5）“达娃”之争爆发。

自此，“达娃”之争爆发，一场民族品牌与境外资本的较量、并购与反并购的战争彻底拉开了序幕。双方矛盾日益激化，纠纷不断升级，由商业规则到民族产业，由外资并购到国家经济安全，由开始的相互指责演变为双方互相起诉的法律战。

达娃之争的落幕

2009年9月30日，持续3年的“达娃”之争，最终以达能接受娃哈哈3亿欧元和解费同意出售在39家合资公司里的51%的股权落幕。

【拓展阅读】

范易谋

范易谋原名Emmanuel Faber，1962年在法国出生，现为达能集团全球首席运营官、原达能集团亚太区总裁，是其点燃了达能和娃哈哈的竞争。

范易谋曾在巴林兄弟银行供职，专职于并购业务咨询。进入达能后，先后担任并购部门主管和集团首席财务官。从1999年起被任命为达能集团首席财务官。2005年7月1日，范易谋出任法国达能集团亚太区总裁。范易谋就任亚太区总裁时，把达能亚太区总部从新加坡搬到了上海，同时，他为自己取了中国名字范易谋。

在达能与娃哈哈纷争中备受关注的达能集团亚太区总裁范易谋，自2008年1

月1日起晋升为达能集团首席运营官。与此同时，目前负责达能鲜乳制品业务的集团执行副总裁吴轼也将同时被晋升为集团联席首席运营官，而集团副董事长及首席运营官雅克·文森特届时将出任战略委员会主席兼集团董事长顾问。

【拓展阅读】

范易谋：互联网时代需要政企合作发挥大数据作用

第二十八次上海市市长国际企业家咨询会议于2016年11月6日举行，会议的主题为“互联网时代的上海可持续发展”。来自全球知名企业的企业家成员们为上海如何在互联网时代实现可持续发展提出真知灼见。达能集团全球首席运营官范易谋表示，“互联网+”时代必须要在政府、企业之间建立必要合作，完全发挥互联网和大数据的作用，以提高人们福祉。

范易谋说，水和食物是人健康的主要基础，也是公共政策的重点。达能公司在过去10多年时间里，建立了非常强大的、统一的方法来测量世界上不同的食品，并与世界卫生组织合作测量水的摄入情况。公司构建了专门的有关食品框架，可供联合国以及世界卫生组织等机构参考制定优化政策。

范易谋表示，上海应制定出一套强大的、安全的、可用的大数据框架，并利用这个框架为市民造福。

相关链接》》》

16年后宗庆后首度公开“达娃之争”内幕

2009年9月30日中午，在北京希尔顿酒店，娃哈哈和达能举行了和解协议的签约仪式，意味着达能彻底告别了娃哈哈。在这段不堪回首的异国“婚姻”中，娃哈哈可谓是步步惊心。

16年后宗庆后首度公开“达娃之争”内幕，讲述改革开放30年来影响最大的国际商战“达娃之争”，为中国企业家讲述了一场经典商战案例。

遭埋伏

宗庆后在与百富勤及达能的合资谈判中，对娃哈哈与达能成立合资公司后谁控股、由谁进行管理这个问题十分关注。他们都很清楚，谁是第一大股东，谁就拥有了派出董事长的权限。娃哈哈是宗庆后和跟他一起创业的员工们的公司，他不能容忍它成为别人的“孩子”。

反复纠缠、讨论、谈判、交手之后，达能代表方最终提出了一个微妙的合资方案：达能与香港百富勤合计持股51%，娃哈哈集团持股39%，娃哈哈美食城公司持股10%，合资公司董事长由宗庆后担任。

宗庆后接受了他们的条件。他认为，虽然达能和百富勤持有合资公司51%的股份，但毕竟是分属两个不同的股东，并且达能和百富勤是分别派代表各自来谈判的，有时候两家的意见也不一致；而中方股东娃哈哈集团与美食城股份总共持有了49%的股权，还拥有董事长的席位，一切应在掌控之中。但宗庆后没有想到的是，直到最后签约的那一刻他才被告知，“达能、百富勤合计持有51%的股份”是以达能与百富勤在新加坡设立一家名为金加投资有限公司并以其为主体持有娃哈哈合资公司51%股权的方式来实现的。箭已上弦，加上当时国内企业对于国际资本运作的懵懂，宗庆后只得接受了这样的安排。

多年后宗庆后回首往事，看到了自己的青涩和稚嫩，虽然作为面对国际资本的新手，这是一种难以避免的必然，但他仍然为此自责。百富勤本身是一家投资公司，股权的买入卖出对它来说是家常便饭。所以，金加公司的构成及它与娃哈哈的合资方式，让合资公司的未来存在变数。

被拖累

最初的时候，宗庆后与达能、百富勤的合作虽算不上愉快，但也说得过去。达能和百富勤虽然给他设置了很多条条框框，但至少表面上，他们是尊重他的。但他们并不信任中方经理人，除了给宗庆后极具压力的盈利指标外，他们还为了限制宗庆后的权力而特别规定：在日常经营中，凡超过1万元的开支，都要经由董事会批准。

起初宗庆后并没在意这条规定，等真正执行起来的时候才发现，这一条变态规定可以让宗庆后寸步难行。要知道，娃哈哈那时已经是一家大公司，每年的销售额有10个亿，1万元就跑一次董事会，一年下来，最多要跑个10万趟，岂不要命！

宗庆后曾在一份回忆材料中说："我认为达能和百富勤他们提出这些限制是不信任我。中国的市场情况变化那么大，我怎么可能在每年的12月份就将次年所有需要花的钱做成个准确的财务预算？如果任何一个超过1200美元的固定资产开支项目，都需要详细的可行性研究报告包括市场调查研究来证明项目的可行性，以及财务预算、规划与评估以证明计划的效益，我们的管理团队岂不是要天天都在写可行性报告？哪里还有时间干别的工作？我记得当时的董事会是每个季度召开一次，如果合资公司的管理模式如此僵化，如何应对中国市场瞬息万变的市场竞争？"

被拖延

在宗庆后的记忆中，跟达能的合作起初还是可以的。"每月开一次董事会，你把你的想法跟他说就行了，他基本上能支持的都支持，虽然在支持进度上可能并不太理想。"

在1996年3月28日的董事会上，宗庆后曾向董事会提出多项投资建议。这些建议，毫无疑问都与他当初的设计与规划相关。但是，达能方面除了有限地同意了几个外，对其余的建议或是直接予以否决，或是以"进一步考虑""先进行可行性研究"为由予以拖延，大部分就此不了了之。这些被否决、被拖延的建议，包括生产方便面、膨化食品、糖果生产线、罐头设备、纸箱生产线、印刷生产线和白酒灌注生产线等项目。

这些"胎死腹中"的项目，今天看来，都已各自构成了中国食品饮料行业的大格局；不能不说，在这方面，宗庆后呈现了远见卓识。

受欺骗

达能收购了当时娃哈哈最大的竞争对手乐百氏，达能向乐百氏投入如此巨额的资金，无疑加强了乐百氏的竞争能力，使其可以降价来跟娃哈哈合资公司竞争，使合资公司遭到了巨大的损失。

宗庆后曾先后两次在董事会上提出乐百氏的竞争导致对合资公司的损害，然而，对于宗庆后的抱怨和指控，达能方面根本就不理会。达能一直声称乐百氏是娃哈哈合资公司的"兄弟公司"，还要求娃哈哈合资公司不要与乐百氏竞争。

对于达能的姑息纵容，宗庆后亦决定进行回击。他在董事会上表示，娃哈哈合资公司会不惜代价，与乐百氏争夺市场份额："总体思路上2001年将采取扩量、低价，不惜代价抢占市场占有率的策略。”

面对恶性价格战，达能方面找到宗庆后进行商量，提出娃哈哈和乐百氏纯水一起涨价。宗庆后同意了，但娃哈哈合资公司纯水涨价以后，乐百氏却没有涨价，这使娃哈哈的纯水销售受阻，结果造成库存积压太大，经销商、二批商包括工厂当时有1000万箱左右的库存。

遭暗算

达能为了完全控制娃哈哈，打算与宗庆后签署一份收购娃哈哈集团有限公司下属所有非合资公司51%的股权。达能抓住了宗庆后的软肋，打出了“温情牌”。对于宗庆后这样一种吃软不吃硬的大男子性格，温情或许是唯一可以击中他那阿喀琉斯之踵的武器。在达能的不断催促下，宗庆后狠下心在一份关于解决非合资企业问题的中文意向书上签了字。

在得知宗庆后与达能签署了一纸意向书后，娃哈哈的职工持股会和非合资公司股东罕见地联合起来，强烈反对并抵制宗庆后的决定。宗庆后的“国王班底”也向他进行了理性的分析，说非合资公司是他们用来制衡达能的唯一筹码，如果宗庆后把非合资公司控股权卖给达能，他们就只能面临被清理出局的危险，达能将彻底掌控娃哈哈，娃哈哈再也不姓“中”，也不姓“宗”了。

那一刻宗庆后惊出了一身冷汗。他有时感性有余，对很多法律条文也不甚重视，每临大事，往往吃亏。这一次倒算是幸运，所签署的只是一纸意向书，而非作为法律文本的协议或合同。

被窃听

在娃哈哈准备迎战达能的过程中，一拨“盯梢的”“窃听的”开始介入到娃哈哈的经营和宗庆后的生活当中。

民警在办案中无意发现了一辆北京牌号的小轿车一直停在娃哈哈下沙基地附近。民警前去盘查，居然发现车内藏有砍刀、被子、记事本和摄像机。经过询问，车上一对男女都来自北京邦信阳。他们交代，在达能对外宣布要对娃哈哈采取行动之前数日，达能就召集了数十人开会，安排他们组成3个小组，分赴沈阳、山西和杭州调查娃哈哈，并对宗庆后进行跟踪监控。会后他们一行9人来到杭州，一拨人去了秋涛基地，另一拨人来到下沙，架起摄像机进行全天候监控。

民警很快又找到了正在对娃哈哈进行监控的另一拨人。在大量的文字和影像证据面前，这些人很快就交代了他们的幕后委托人——达能公司！达能自然否认这些指控，他们说："从来没有雇用任何人或任何公司来监视宗先生。"

然而仅仅10天后，警方在娃哈哈萧山基地附近又抓获一名涉嫌非法监控者，这名胡姓男子也交代了其委托人是达能公司。

杭州警方将三起监控事件并案调查，并到北京邦信阳进行了询问，最终发现该公司于2007年4月与达能公司签订了委托合同。警方起获的证据显示，达能曾向多家机构支付每天400美元的调查费用。

娃哈哈与曼联的合作

签署合作

2013年1月15日，娃哈哈和曼联（曼联是曼彻斯特联足球俱乐部的简称）在位于钱江新城的娃哈哈欧洲精品商场共同宣布，娃哈哈正式成为曼联的官方合作伙伴，也是曼联在中国的首个商业合作伙伴。

曼联LOGO

【拓展阅读】

曼彻斯特联足球俱乐部

曼彻斯特联足球俱乐部位于英国英格兰西北区曼彻斯特郡曼彻斯特市，英文名Manchester United Football Club，简称ManUtd或MUFC，中文简称"曼联"，其前身"牛顿·希斯"于1878年由兰开夏郡和约克郡铁路公司的工人在牛顿希斯工地上成立。1902年球队改组并改名曼联，现为英格兰足球超级联赛俱乐部，曼联的球队主场为"梦剧场"老特拉福德球场，1910年启用至今。

曼联是英格兰足球史上最为成功的俱乐部之一，也是欧洲乃至世界最具有影响力最成功的球队之一，共获得20次英格兰顶级联赛冠军，12次英格兰足总杯冠军，4次英格兰联赛杯冠军（除英格兰联赛杯外均为最高纪录）。在欧洲赛场上，曼联共获得3次欧洲冠军联赛冠军，1次欧洲优胜者杯和1次欧洲超级杯冠军。

启力

娃哈哈与曼联的合作，主打的是一款功能性饮料产品——启力。

启力是娃哈哈集团在2012年成功获得国产保健食品批准证书的功能性饮品，具有缓解体力疲劳、增强免疫力的保健功能，目标市场定位为白领、学生等易疲劳者和免疫力低下群体。其富含左旋肉碱、牛磺酸、氨基葡萄糖、肌醇、维生素群等7大营养组合。

启力宣传海报

启力的三种包装

相关链接 》》

娃哈哈启力金罐新装上市，风云再起战红牛！

启力是娃哈哈于2012年3月重磅推出的一款牛磺酸功能饮料。该新品一经上市，仅2个多月便达到2000万罐的销量，标志着娃哈哈从传统的饮料向功能性饮料进军的战略获得市场的首肯。

启力上市之初即把红牛作为直接竞争对手，可见其争夺市场决心之大。不过，在之后市场有所收缩，推广力度也减小。娃哈哈是要放弃功能饮料市场了吗？

答案是不会！娃哈哈启力推出金罐和红罐全新包装，并推出新的市场政策和营销手段，欲再与红牛试比高！

大佬缘何都爱“金”？

不同的包装颜色给消费者传递着不同的情绪和心理暗示，金色和红色都是非常醒目的颜色，同时也都有喜庆、吉祥的内涵。而金色的独特魅力在于其代表了年轻、时尚和活力。

事实证明，最早的金罐功能饮料红牛在市场上取得了非凡成就。2015年春节前后，蒙牛、伊利相继推出包含金色元素的罐装核桃饮料，今麦郎更是携手金色核桃登陆市场。随后不久，加多宝宣布正式推出金罐凉茶。2015年8月，可口可乐也推出了申奥成功金罐纪念套装。从多年畅销的金罐红牛，到今麦郎的金色核桃，再到金罐加多宝和可口可乐，竞争激烈的快消行业正在迎来一股金色浪潮。

再出发，娃哈哈金、红罐上市！

2012年3月，娃哈哈重磅推出牛磺酸维生素能量饮料启力，选择与红牛同等规格的易拉罐包装，在广告轰炸下，短短几个月销售额就已达到2亿～3亿元，成为当时对红牛潜在威胁最大的竞争者。除了铺天盖地的广告、强大的网络支持外，较高的盈利差价也很关键。

然而，短暂的辉煌之后的发展并不是一帆风顺。2013年之后，娃哈哈启力大幅收缩市场和广告投入，终端产品也较为少见。同一时期的红牛则在2014年实现了超200亿元的销售额，PET能量饮料的代表东鹏特饮也突飞猛进，这说明能量饮料仍然有增长的市场空间。

2015年11月，曾经取得不错成绩的娃哈哈启力新推金罐和红罐，且以金罐为主，开启全新的营销计划。娃哈哈市场部相关负责人表示，新包装推出的目的一方面是顺应我国传统对红色和金色的喜爱，另一方面则是满足消费者多元化需求，鼓励个性化选择。

对于未来是否会用新装全面取代旧装，娃哈哈方面表示，启力的中国红和土豪金新装产品并不会取代原有的蓝罐和银罐，在规格和价格方面也不会改变，仍然是250毫升/罐（6元），但在营销力度上更精准。

开展新式营销，启力加大推广力度

据了解，为了实现2016年“市场第一”的销售目标，启力将重点采取两项措施。

首先，优惠促销与微信红包相结合。为了打响来年销售高峰的第一枪，启力开展了线下促销活动。以上海为例，启力在不同区域、不同市场开展优惠促销活动。原本零售价6元的启力促销优惠价为5.5元，部分渠道为4.8元/罐，更是推出33元每提以及132元每箱的优惠价格。

与优惠促销相对应，娃哈哈同步推出微信扫码获取红包的活动，以启动新一轮的市场预热。只要消费者购买启力活动装产品，刮开粘贴在罐体上的涂层，使用微信扫码即可打开网页赢取现金红包。这不禁让人们想起了前一段时间恒大冰泉“疯狂扫码赢红包”的活动，在很大程度上激发了消费者的购买热情。

其次，发力体育营销，借势传播。据了解，娃哈哈启力将借力2016体育年，在此前冠名《中国好声音》《中国梦想秀》和携手曼联推广获得的市场基础上，发力体育营销，抢占市场制高点，目前全面的营销活动已处于筹划当中。

相关链接》》》

启力4年销售不如意，娃哈哈为何再战功能饮料？

近年来业绩下滑严重的娃哈哈集团，不断寻求多元化。近日，娃哈哈创始人宗庆后在接受媒体采访时表示，娃哈哈下一步将陆续推出24个改善睡眠、辅助降血糖血脂、增加骨密度、抗氧化等功能性饮料产品。

这并不是娃哈哈首次进军功能性饮料市场。早在2012年，娃哈哈就在市场上推出了一款定位白领、学生等易疲劳者和免疫力低下群体的维生素饮料，取名为启力。虽然娃哈哈功能性饮料启力已经推出了4年，但在市场上的表现却并不乐观。

娃哈哈一位广州区域经销商表示："自启力上市开始我就一直在做，但其销量一直不温不火。"更有业内人士直言，由于"启力"上市后便昙花一现消失在饮料产品更新的浪潮中，其市场的业绩表现已经给了娃哈哈集团重重一击。

2016年8月9日，打开天猫、京东、1号店等电商渠道搜索启力时，只有天猫超市在销售，其他电商网站上并无启力产品的踪迹。而在天猫超市上，启力产品的月销量也只有3罐。

在启力销售不如意的背景下，为何娃哈哈还加大力度布局功能性饮料？娃哈哈相关负责人表示有关功能性饮料的推出问题还需要进一步核实，暂不对外公布。

不过，宗庆后在接受媒体采访时解释说："现在消费者越来越关注健康，低糖、低脂、少添加剂的饮料越来越有市场。单迎合需求变化还不够，如果饮料可以具有保健功能，就能创造出更多的市场需求。"

在业内人士看来，娃哈哈不断探索功能性饮料的原因是，目前娃哈哈遇到了危机，需要探索一些新的品类。据中金最新公布的数据显示，茶饮料层面娃哈哈2016年上半年累计市场份额为0.9%，同比下降0.2个百分点；果汁饮料层面，娃哈哈2016年上半年累计市场份额为0.7%，同比下降0.2个百分点。

中国品牌研究院研究员朱丹蓬表示，当前功能性饮料正处于饮料行业的风口，市场容量不断加大，娃哈哈想改变业绩下滑现状必须在这一板块占据着一定的市场份额。而从功能性饮料行业老大红牛看，2015年其销售额高达230亿元，这对娃哈哈而言，是一个不能忽视的市场。

不仅娃哈哈看中这个市场，而且康师傅新闻发言人李宜霖也对中国商报记者介绍说，随着消费者对饮料的需求日趋多元，功能饮料会有不错的市场发展空间。

此外，据益普索最新公布的《中国食品、饮料趋势和消费者洞察》报告显示，跑步健身等生活方式的普及会刺激功能性饮料产品的需求。数据显示，34%的一、二线市场消费者表示平时有经常跑步的习惯，51%的一、二线市场跑步人群表示跑步时会经常喝功能性饮料。

不过，娃哈哈要想在功能性饮料市场占据一席之地，并不是一件容易的事。朱丹蓬分析说，娃哈哈比较强势的三、四线市场已经有很多品牌，而一、二线市场已经被红牛和乐虎占领，所以，推广功能性饮料的销售定位、渠道定位面临很大问题。

【拓展阅读】

娃哈哈将设立基金吸引中以企业合作

140多家杭商企业代表“领号”排队与以色列大学对接洽谈，交流医疗健康、生物技术与医药、节能环保、电子、计算机与信息网络、新材料、农业、食品饮料等行业最新技术。这是2016年10月18日下午举行的2016以色列创新技术推介会上的热烈场景。作为第二届世界杭商大会的先头活动，推介会不仅吸引了正泰、民生药业、迪安诊断等众多本土企业，也吸引了中国国际金融股份有限公司、上海宝传投资基金等多家风投机构。作为本次推介会的发起方，娃哈哈集团董事长宗庆后说：“希望能起到桥梁的作用，让更多的浙江、杭州企业分享世界一流的科技创新成果。”

犹太人的大脑，可谓举世闻名。有分析称，自诺贝尔奖设立以来，犹太人共拿走了19%的化学奖、26%的物理奖、28%的生理与医学奖、41%的经济学奖。希伯来大学、特拉维夫大学、海法大学、魏茨曼科学研究学院……这些著名的以色列高校在多项领域拥有世界一流的科研技术，同时也对中国市场的科技成果产业化表示出极大的兴趣。10月18日的推介会现场，以色列方面共带来了1000多项技术，并就其中200多项中国企业重点关注的技术成果展开对接交流。

浙江正泰电器股份有限公司战略管理部副总经理李建军马上与希伯来大学代表接上了头。“希伯来大学在石墨烯材料应用上有专门研究，这对正泰进军新能源、开发石墨烯锂电池会有合作的共同点。”李建军说。

“我最感兴趣的是他们的医药技术。”来自上海复地集团的代表与魏茨曼科学研究学院代表聊得热乎。因为该学院在生物制药领域的技术成果丰硕，每年都为全球药业巨头联合研发多种药物，尤其是各类肿瘤类药物、人体免疫力改善药物等。要知道，魏茨曼科学研究学院技术成果授权许可收益全球第五，由其技术转化的产品年销售额超过200亿美元。

娃哈哈方面介绍，推介会上带来的以色列科研成果中不乏世界领先的技术，如纳米结构和纳米表面的新型掺杂方法、微机电系统传感器和执行器、高效率低成本的太阳能电池、多传感器超分辨率系统及方法等。此外，还有60多项先进医疗、诊断与治疗技术，其中关于癌症诊断与治疗方面的就有26项。娃哈哈也已经在生物工程、传感器、机电研究中心3个领域进行了有效对接。

在推介会现场，宗庆后还透露，娃哈哈将与以色列佩雷斯中心设立一个3亿美元的基金，投入以色列企业，并吸引他们到杭州来建厂发展。同时，准备向省市申请与佩雷斯中心、特拉维夫大学、海法大学、北京大学一起兴办以色列高新技术产业园，搭建全球创新者的平台，也为家乡经济的发展做出贡献。

【拓展阅读】

娃哈哈艺术团与浙江电视台影视娱乐频道首次达成战略协议

2016年8月2日，全民综艺娱乐秀《快乐大歌神》伴着夏日高温正在火热进行中，这是娃哈哈艺术团与浙江电视台影视娱乐频道在2016年联合推出的一档全民K歌节目，亦是与浙江电视台影视娱乐频道首次达成战略协议。节目一经亮相，便点燃了公众参与的热情并引发收视狂潮。

娃哈哈艺术团在节目中全程参与，中间穿插表演的舞蹈节目由艺术团的专业舞蹈演员编排表演。同时，在比赛过程中，来自娃哈哈艺术团的优秀民族歌唱家段宛彤也多次担任评委。“民歌甜嗓”段宛彤多次参加央视《中华情》节目录制，她从表演经验和演唱技巧上给选手很多中肯的意见。娃哈哈艺术团的唱作人刘美麟毕业于中央音乐学作曲专业，她在担任评委时，活泼幽默又不失专业水准的点评获得选手和观众的一致好评。随后，艺术团的青年歌唱家樊佗也将加盟大歌神的评委。樊佗作为优秀的民歌演唱家，曾多次应邀参加中央电视台、浙江电视台、山西卫视、杭州电视台等多家电视媒体的大型电视晚会，并在专业歌唱比赛中获得金奖，多次担任评委工作。娃哈哈艺术团为栏目提供艺术性和专业性的同时，以提升文化艺术品质、扩大艺术家社会影响力、力推文化精品为己任，弘扬中国优秀传统文化，在推进高雅艺术亲民化的进程中起到积极作用。

娃哈哈在不断发展的过程中，进一步着眼于“中国文化，国际水准”文化产业的新目标，大力吸纳优秀专业人才。娃哈哈艺术团在组建一年的时间里，吸引了来自中央音乐学院、中国音乐学院、中戏、上戏、白俄国立艺术学院等国内外顶级艺术院校的本硕博优秀毕业生，以及部属艺术高校音乐表演领军人才、业界知名艺术家、国有艺术院团和部队文艺团体的高水平艺术人才。

第六章
娃哈哈，竞争促发展

导言：

从一个只有3个人的校办企业发展成饮料行业巨头，娃哈哈的发展之路并不是一帆风顺的，在这个过程中，竞争必不可少，而竞争也促进了娃哈哈更好地发展。

第一节　可乐之争

在娃哈哈的发展史上，可乐市场的竞争是一大代表事件，主要是非常可乐大战可口可乐与百事可乐。

可口可乐

可口可乐简介

1886年，可口可乐在美国佐治亚州亚特兰大市诞生，自此其便与社会发展相互交融，激发创新灵感。目前，全球每天有17亿人次的消费者在畅饮可口可乐公司的产品，大约每秒钟售出19400瓶饮料。目前可口可乐公司为全球最大的饮料厂商。

可口可乐LOGO

2016年10月，可口可乐公司排2016年全球100大最有价值品牌第3名。

可口可乐中国官网首页

进入中国

可口可乐海报

可口可乐早在1927年就进入中国，20世纪40年代末中国成为可口可乐在海外的最大市场。1949年可口可乐离开中国市场。

重返中国

1978年，中美关系出现新的转机。当时中粮的总经理张建华在党的十一届三中全会前建议引进可口可乐，得到了时任外经贸部部长李强的支持。在佟志广、张建华等人的努力下，1978年12月13日，可口可乐与中粮终于在北京饭店签订协议。

协议规定，美方采用补偿贸易等方式，向中国主要城市和游览区提供可口可乐制罐、装罐和装瓶设备，在中国开设专厂灌装并销售；从1979年起，在装瓶厂建立起来之前，可口可乐用寄售方式由中粮总公司安排销售。

1978年12月17日，中美双方发表《中美建交联合公报》，宣布“自1979年1月1日起，建立大使级外交关系”。可口可乐敏锐地观察到破冰的迹象，成为中华人民共和国成立后进入中国市场的第一家外资企业。

相关链接》》

中央电视台第一个可口可乐广告

1986年10月，英国女王首次访华。英国广播公司（BBC）为此拍了一部纪录片。中央电视台得知后想购买该纪录片的播放权，于是找到可口可乐公司，希望其赞助20万美元，条件是在该纪录片播放前后播放可口可乐的广告。

可口可乐广告

尽管20万美元在当时是一个天价，但对于在中国运营数年、始终饱受争议的可口可乐公司来说，却是一个绝佳的宣传机会。

1986年10月的某天，在《新闻联播》播出之后，中央电视台及全国18家电视台同时响起了可口可乐广告旋律，各行各业的中国消费者用可口可乐庆祝自己快乐的“可口可乐时刻”，并以“我有我的‘可口可乐’，挡不住的感觉”为结束语。

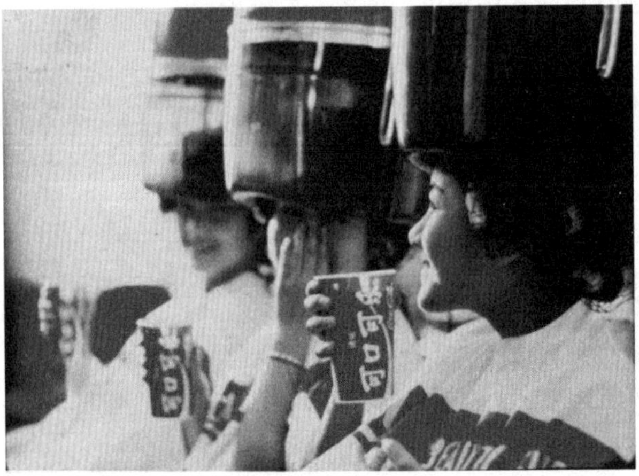

可口可乐广告

这是中国改革开放后，中央电视台播出的第一则可口可乐广告。时长1分钟的广告，表明可口可乐公司从此可以放心大胆地在中国做生意了。由此，可口可乐逐渐走进千家万户，融入上亿普通百姓的生活中。

……………………………………………………………………………………………

百事可乐

百事可乐简介

百事可乐（Pepsi-Cola）最初于19世纪90年代由美国北卡罗来纳州一位名为Caleb Bradham的药剂师所造，以碳酸水、糖、香草、生油、胃蛋白酶（pepsin）及可乐果制成。该药物最初是用于治理胃部疾病，后来被命名为“Pepsi”，于1903年6月16日将之注册为商标。后来逐渐发展为美国百事公司推出的一种碳酸饮料，也是美国可口可乐公司的主要竞争对手。

百事可乐LOGO

2016年6月8日，“2016年BrandZ全球最具价值品牌百强榜”公布，百事可乐排第86名。

百事可乐官网首页截图

进入中国

1981年，百事可乐与中国政府签约并在深圳兴建百事可乐灌装厂，成为首批进入中国的美国商业合作伙伴之一。时至今日，百事可乐已在全国各地先后建立了40多家合资或独资的企业，总投资超过10亿美元，直接员工近10000人，提供间接就业机会达150000个。

核心竞争力

百事可乐和可口可乐两大品牌的百年竞争史，勾画了世界软饮料行业发展的主线，已成为全球经济关注的焦点和市场经济运作的成功范例之一。它留给人们物质与精神、经济与文化的传承影响，带给人们启迪、思索、吸收和借鉴。历史的经验表明，市场经济是法制经济，是竞争经济。竞争是企业发展的原动力，唯有置身于市场经济的竞争环境中，企业才能得以发展。在一定的意义上，竞争是品牌的比拼，是思想理念的比拼，是文化底蕴的比拼。

纵观百事可乐在激烈的市场竞争中从小到大、从弱到强、迎头赶上的快速成长发展历史，人们在叹服百事可乐日益旺盛的生存力和竞争力的同时，不得不陷入深层次的思考：百事可乐何以能在那些关系到自身生存和发展的关键环节和时刻，具有独特的、比竞争对手更强的、更持久的优势以及能力？这就是百事可乐在实践中不断强化的核心竞争力。它几乎涉及百事可乐管理的方方面面，但最突出的是企业文化、品牌形象、人文理念、广告宣传策略、组织架构和营销模式等6个方面，也可以称之为百事可乐打造核心竞争力的“着力点”之所在。

【拓展阅读】

百事公司荣获“世界500强年度最佳责任企业”称号

在2016年8月2日由《南方周末》举办的“第八届中国企业社会责任年会”上，百事公司凭借其在经济、环境、管理、合规和社区发展等多方面的卓越表现，在“世界500强在华贡献排行榜”综合评定中位列第七，并荣获“世界500强在华贡献排行榜年度最佳责任企业”称号。

“世界500强在华贡献排行榜”自2004年发起以来，以“全球视野，中国立场”为立足点，采取第三方调查的形式，通过在政府部门查询公司的相关数据，综合企业主动公开的财务报告和责任报告，对世界500强在华企业进行综合评估，备受政府、企业、媒体以及民间各界关注，拥有极高的公信力与影响力。

作为榜单前十名中仅有的两家跨国食品饮料企业之一，百事公司始终秉持“百事公司的承诺”，致力于人类的可持续发展、环境的可持续发展和人才的可持续发展，不断努力提供多种多样美味、健康的食品和饮料产品，探寻节约能源、水和包装材料的创新途径，降低对环境的负面影响，为广大员工创造理想的工作环境，尊重和支持所在社区，并为社区的发展贡献力量。百事公司自1981年进入中国，目前累计投资已超过150亿元人民币。

百事公司大中华区副总裁郎祥梅女士表示：“未来能够在商业上成功的企业，必定是能够把企业自身的商业需求与当地社会乃至世界需求相结合的企业。作为首批进入中国的跨国公司，百事公司将继续‘根植中国、携手中国、服务中国’，为中国社会的发展贡献自己的一份力量，与中国和谐共赢。”

为兑现对所在社区的承诺，百事公司和百事基金会近年来积极开展了一系列回馈社会的公益项目，包括长达15年的为中西部缺水地区提供安全饮水的“母亲水窖”项目，为云南贫困地区学生提供营养加餐的“百事营养行动”，由百事工厂和农场员工发起的社区慈善活动，以及在自然灾害发生时公司和员工提供的紧急救援支持，等等。截至目前，百事基金会、百事公司大中华区及员工已经为中国的公益事业捐资超过1.4亿元人民币。

非常可乐的落寞

非常可乐的失败是值得反思的，主要有几个关键点，如下图所示。

非常可乐失败的关键点

定位于民族

可口可乐、百事可乐在中国的市场所占比例非常大，而非常可乐自诞生之日起，就牢牢地抓住了民族旗帜，高喊非常可乐是中国人自己的可乐的口号，并且将非常可乐紧密地与喜事和幸福联结在一起，意图将非常可乐打造成老百姓办喜事的必备饮品。

农村包围城市

非常可乐的处境可谓“非常尴尬”。一方面，非常可乐的“自留地”——农村市场随着可口可乐、百事可乐这两大巨头的蚕食，份额正日渐缩小；另一方面，城市市场始终被可口可乐和百事可乐牢牢地盘踞着，久攻不下。

对手的文化内涵

可口可乐、百事可乐在长达百余年的市场培育和竞争过程中，赋予了可乐在产品之外极其丰富的文化内涵，赋予了其活力、年轻、时尚、朝气蓬勃的形象，是一种典型美国精神的代表。

竞争失败

非常可乐要进城，除了自身品牌形象、定位要改变之外，还必须面对百事可乐和可口可乐这两大巨头。而经过多年经营，非常可乐无法突破百事可乐和可口可乐的封锁、打压，其在国内可乐市场上的竞逐已宣告失败。

第二节　与康师傅的竞争

康师傅简介

康师傅控股有限公司总部设于天津经济技术开发区，主要从事方便面、饮品、糕饼以及相关配套产业的生产和经营。康师傅自1992年研发生产出第一包方便面后，便迅速成长为国内乃至全球最大的方便面生产销售企业。从1995年起，康师傅陆续扩大产品范围至糕饼及饮品，先后在中国40多个城市设立了生产基地。

康师傅LOGO

康师傅官网首页截图

康师傅饮料

从1996年起，康师傅开始生产饮品，目前依然生产上市的饮品主要有四大类，如下图所示。

康師傅

- 矿物质水：有330毫升的，550毫升的，1.5升的
- 茶饮料：有冰红茶、绿茶、冰绿茶、劲凉红茶、劲凉绿茶、乌龙茶、铁观音茶、茉莉清茶、茉莉蜜茶等
- 果汁饮料：（1）康师傅果汁系列：康师傅橙汁、康师傅水蜜桃汁、康师傅水晶葡萄汁、康师傅芭乐汁等
  （2）康师傅每日C系列：每日C橙汁、每日C水晶葡萄汁、每日C葡萄汁、每日C黑加仑汁、每日C红芭乐汁
- 汤系列：有酸梅汤、酸枣汤等

康师傅饮品种类

康师傅茶类饮料

现状对比

近年来，娃哈哈与康师傅两大快消企业的日子都不好过，主要表现在以下几个方面，如图所示。

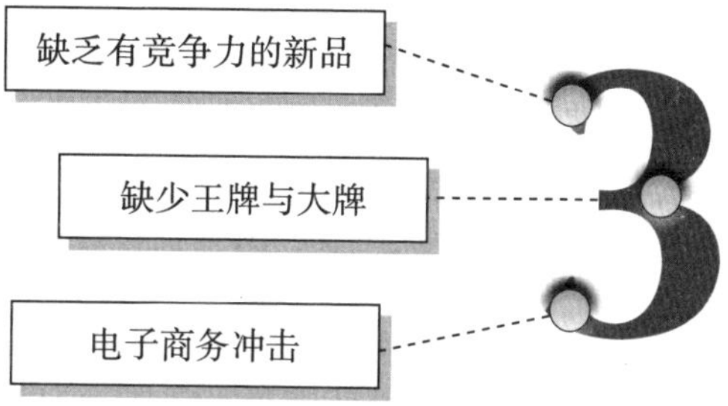

娃哈哈与康师傅的现状

缺乏有竞争力的新品

比如康师傅，一碗红烧牛肉面经典了20多年，但这碗面之后，康师傅几乎是再也没有推出过红烧牛肉面这样的大卖品；而娃哈哈，除了纯净水，以及营养快线、爽歪歪，这些年的大卖品也是乏善可陈。

缺少王牌与大牌

还有一个共同的问题是，在没有经典爆品的背景下，无论康师傅还是娃哈哈，背地里对产品研发的投入，以及推出的新产品却并不少。以娃哈哈为例，公司的产品囊括了饮品、休闲食品、方便食品、酒水、乳制品、保健品等10多个大类，但在纷繁的产品种类中，却非常缺少王牌与大牌。

电子商务冲击

娃哈哈和康师傅过去快速崛起的一个重要因素，是建立了一张强大的线下零售网络。而今，在电子商务的旺盛之下，他们的这张大网投入的成本不减，甚至更高，但获得的收益却大不如前。

【拓展阅读】

宗庆后：食品领域尚德守法不能仅靠自律

2016年6月14日，第八届中国食品安全论坛在京举行。杭州娃哈哈集团有限公司董事长兼总经理宗庆后在发言中表示，食品领域尚德与守法不能仅靠企业自律和宣传，还需要法律护航。针对网络谣言对行业带来的影响，他建议有关部门加大打击力度和科普宣传。

本次论坛的主题为："尚德守法并举，共创食品安全"。

对此，宗庆后表示，"守法"主要是指外在力量的规范和监管，而"尚德"则强调食品行业参与者内心的自我约束，维护食品安全，二者缺一不可。他认为，食品行业关系到群众身心健康，企业因肩负重大职责，更应当视诚信为生命，坑蒙拐骗、偷奸耍滑的企业必将会被市场所淘汰。宗庆后认为，"尚德、守法"不仅是食品企业的责任，更需要多方共同努力。

针对网络中食品类谣言给企业造成的伤害，他表示，猖獗的网络谣言已经成为社会毒瘤，炮制者污蔑饮料里有肉毒杆菌导致白血病，并在微博、微信等互联网平台上进行大量转发，严重损害了企业和产品的声誉，造成食品安全恐慌的同时，严重损害了消费者利益，甚至影响经济的正常发展。

对此，宗庆后希望，各级执法机关能够加大执法力度，按照《中华人民共和国食品安全法》和《中华人民共和国刑法》等有关法律的规定，将这些造谣者绳之以法、予以严惩。同时，希望有关主管部门、行业协会和专家学者能够加强对食品安全知识的宣传和普及力度，对谣言予以及时的澄清和反驳，进而提高广大消费者鉴别真伪的能力。

以下是发言全文：

非常荣幸能够作为企业家代表来到今天的论坛，和大家探讨食品安全问题。食品安全问题是一个全社会都高度关注的话题，应该说，从党的十八大以来，在中央的高度重视下，经过各级主管部门和广大食品生产销售企业的不懈努力，我国的食品安全形势有了比较显著的好转，群体性的食品安全事件显著减少，老百姓对当前食品安全状况的总体评价也在不断提高。我们的食品安全水平，特别是大中型企业的食品安全水平是有比较明显的提升的。作为一名从业几十年的食品行业工作者，我对当前的食品安全整体水平是有信心的，我们的产品质量是完全有保障的，不比国外企业差，我们完全不必妄自菲薄。

今天论坛的主题是“尚德”和“守法”。“守法”主要是指外在力量的规范和监管，而“尚德”则强调食品行业每一个参与者内心的自我约束。我想“尚德”和“守法”都是维护食品安全缺一不可的，特别是“尚德”，是做企业之大道，食品企业若失德早晚会惹祸。现在我们都在提倡企业要有工匠精神，在我看来，发扬工匠精神不仅仅要有对事业的执着，精益求精、追求品质、追求完美，更重要的是要有对社会的责任感，要始终坚持诚信、坚守底线。而这一点对我们食品行业尤为重要，因为食品行业直接关系到亿万人民群众的身心健康，食品企业肩负着老百姓生命健康安全的重大职责，更应当视诚信为生命，靠诚信求发展。

当然，维护食品安全不仅仅要靠企业的努力，也要全社会的支持与配合，而“尚德”和“守法”也不仅仅是食品企业的责任，同样是每一个社会成员的责任。这些年来，在食品安全领域比较突出的一个问题就是网络谣言日益猖獗，已经成为社会的一大毒瘤。这些谣言的炮制者往往无中生有地捏造各种耸人听闻的谎言，比如污蔑我们的饮料里有肉毒杆菌，喝饮料会导致白血病，并在微博、微信等互联网平台上进行大量转发，甚至在一些地方还直接以书面传单的方式传播，而且往往针对大中型食品企业，严重损害了这些企业和产品的声誉，严重损害了消费者利益，造成对食品安全的恐慌，也已影响到我国经济的正常发展秩序。对于这种既缺德，又违法的危害食品安全的行为，广大食品企业都极为愤慨。我们亦希望有关主管部门、行业协会和专家学者能够加强食品安全知识的宣传和普及，对谣言予以及时的澄清和反驳，提高广大消费者鉴别真伪的能力。让我们这些有良心、守规矩的企业免受谣言的伤害，让企业家和企业都能专心把自己的事情做好，而不是忙着辟谣。

谢谢！

第三节 与统一的竞争

统一简介

统一企业中国控股有限公司（以下简称“统一”“统一企业”）是台湾食品制造商统一企业旗下的控股公司，为中国非碳酸饮料及方便面主要的台资制造商之一。主要饮料产品为果汁饮料及即饮茶。

统一企业LOGO

统一的产品介绍

统一企业的产品主要有食品系列如方便面、茶饮料如统一绿茶、果汁系列如海之言、水系列如巴马泉、冷藏系列如可护、健康系列如番茄汁、咖啡系列如雅哈咖啡、儿童乳饮如小浣熊等，此外还拥有布丁、烘焙，以及贸易等。

统一冰红茶

统一阿萨姆奶茶

统一小浣熊开味BOOM含乳饮品

产品策略对比

娃哈哈：年轻化、时尚化、个性化

娃哈哈的策略主要体现在三个方面，如下页图所示。

方面一　从产品来看，娃哈哈发布了多款健康年轻化饮品

"激活π"就是娃哈哈集团专为年轻人群设计的一款维生素饮料，有多种清新爽口的口味，契合年轻人追求个性的特点

方面二　与国内年轻化的强势媒体平台开展战略合作

娃哈哈除了将强化对核心城市市场的开发并对系列产品进行升级之外，还借助网络综艺栏目，与消费者深度沟通。其中，"轻透小檬"和"激活π"两款新品营销投放就将目光分别瞄准了偶像电视剧和大型综艺节目

方面三　问计"90后"，加码年轻化战略

宗庆后在"娃哈哈全国名校广告创意精英赛"上表示，娃哈哈不会做广告了，需要新的突破。他希望在广告创意精英赛中，新锐的"90后"大学生们能带来更多、更新、更好的创意

娃哈哈的年轻化、时尚化、个性化策略

统一：树立品牌调性

树立品牌调性，得"90后"者得天下。近两年，我们从统一新品研发的新品和宣传方式来看，统一在年轻化的道路上越走越远。具体如下图所示。

措施一　个性化、年轻化新品

无论是从去年的小茗同学，还是从缇拉图、水趣多来看，无论是产品内容还是品牌气质，统一新品都让人眼前一亮。以小茗同学、水趣多为代表的统一新品对以"90后"为代笔的年轻人保持了一贯的吸引力，品牌调性把握得恰到好处

措施二　签约最养眼代言人

为了迎接新时代消费市场的需求，吸引更加年轻化的消费群体，统一签约了最养眼的代言人

统一如何树立品牌调性

【拓展阅读】

品牌调性

品牌调性是指品牌在市场中所运用的独有的语言识别。品牌调性的主要构成包括品牌核心价值定义阐释、品牌价值诉求、品牌标识语、品牌故事以及品牌主广告语等。

品牌调性并不显化，常常匿形于具体的品牌表现中，但品牌调性对品牌成败的影响程度远远超出常人的想象。品牌调性如果违背了行业属性，这个品牌就无法走远，这是自由市场的潜规则，不为个人的意志而转移。

相关链接》》

中央媒体采访团走进娃哈哈 探寻企业转型升级之道

2016年3月18日，由中共中央宣传部带队的中央媒体采访团一行30多名记者，在杭州市委宣传部、市经信委相关领导陪同下走进娃哈哈，了解菌种数字化工厂，参观智能装备制造车间，对话宗庆后董事长，探寻传统企业的转型升级之道。

2016年3月18日下午3时30分，采访团一行来到乔司生产基地。设备工程部部长邵金荣、信息部部长李钒首先带领记者参观水汽生产线，近距离感受娃哈哈工业自动化和信息化水平，接着重点介绍娃哈哈在生物工程方面的转型升级情况。

邵金荣告诉记者，娃哈哈每年对乳酸菌菌种的需求量达20吨，这些菌种都来自欧美国家。为了摆脱对国外企业的过分依赖，娃哈哈从2010年开始进行乳酸菌的研发及产业化项目，目前已建立了近3000株乳酸菌的菌种保藏中心。他透露，娃哈哈下沙菌种数字化工厂已在有序建设中，预计2016年可投产。“通过本项目的实施，公司自主研发生产的菌种成本控制在几百元，可以大大节省成本，还填补了国内空白。”

参观完乔司基地，采访团又来到精机公司，一睹工业机器人的风采。在码垛机器人前，记者们不时驻足察看，向工程技术人员了解机器人制造、应用情况。有的记者还掏出手机拍摄，或与工业机器人来个合影。

随后，采访团一行来到会议室。宗庆后首先对领导和媒体朋友的到来表示欢迎，简单汇报了娃哈哈多年来从跟进、引进再到自主创新的过程，介绍娃哈哈在坚持主业的基础上，在生物工程、菌种研发、中医食疗、智能制造等方面转型升级的举措，并希望媒体朋友多提建议。

在近一个小时的交流环节，记者将他们关心的“如何处理企业和政府关系，保持民营企业活力”“从抢购洋奶粉现象看国人应该怎样对待中国制造”“食品饮料企业如何进行差异化竞争”“娃哈哈的转型升级实践可以给中小企业什么借鉴”等问题向宗庆后抛过来，宗庆后一一接过话题并侃侃而谈。“领先半步”“工匠精神”“中国信心”……风趣的回答，不时引起记者的笑声，现场气氛十分融洽。

最后，中共中央宣传部新闻局经济新闻处副处长张起做总结发言。他说，此次采访选择娃哈哈，是因为娃哈哈的转型升级实践为稳增长、调结构、转方式提供了有益的借鉴。宗总的答记者问，传达了企业家对中国经济的信心。

据悉，娃哈哈是中央媒体采访团杭州采访的最后一站。此次采访团由人民日报、新华社、光明日报、经济日报、中国日报、中央人民广播电台、中央电视台、中国国际广播电台、中国新闻社等9家新闻单位组成，目的是聚焦杭州经济社会发展中的亮点，为杭州发展加油鼓劲，特别是要借助杭州举办20国集团峰会的机遇，做好宣传和推介文章。

相关链接》》

娃哈哈品牌价值夺冠　领跑全酒水饮料行业

2015年12月12日，由中国品牌建设促进会、中央电视台、中国资产评估协会、中国国际贸促会等联合举办的“2015年中国品牌价值评价信息发布暨2015中国品牌发展论坛”在京举行。会上，娃哈哈以品牌价值516.96亿元遥遥领先，毫无悬念地稳居“酒水饮料行业”第一名。同年6月，在由诺贝尔经济学奖得主罗伯特·蒙代尔教授任主席主持的世界品牌实验室发布的2015年度“中国500最具价值品牌”排行榜中，娃哈哈就曾成功问鼎食品饮料行业榜首，这是本年再度登顶全国权威品牌榜单，以超强品牌实力领跑全行业。

对此，娃哈哈集团董事长宗庆后谈道，科技创新一直都是娃哈哈保持品牌优势的强大助力。一瓶饮料的出厂，要经历吹瓶、灌装、包装等20多道工序，在娃哈哈的数百条饮料生产线上，这些工序都实现了全自动化生产。“娃哈哈很早就实现了饮料生产自动化，在工业制造方面也一直走在中国前列。从最早期整线引进国外先进生产线，到后来引进单机自己集成自动化生产线，再到现在自行设计规划智能工厂，我们通过‘三步走’的战略，实现了从自动化向智能化的转型升级。”宗庆后自豪地说。

为了保证产品持续创新，娃哈哈先后建立了国家级企业技术中心、博士后科研工作站、CNAS认可实验室等新技术研发平台。依托这些高端研发平台，娃哈哈每年都有新产品、新的增长点，形成了品种齐全的产业链，解决了产品生命周期影响企业生命周期的问题，既保证了娃哈哈的高速增长，也铸就了娃哈哈可持续发展的原动力。创新不仅仅体现在生产环节，通过互联网信息技术改造，娃哈哈将生产计划、物资供应、销售发货，包括对经销商、供应商的管理、设备远程监控、财务结算、车间管理、科研开发，全部嵌入信息化系统管理，极大地提高了工作效率。

作为中国规模最大、效益最好的饮料生产企业，在自身获得快速发展的同时，娃哈哈也一直秉承“产业报国、泽被社会”的经营理念，积极回馈社会。娃哈哈在全国29个省市自治区建有80多个生产基地、180多家子公司，拥有员工3万名、净资产近400亿元。产品涉及含乳饮料、瓶装水、碳酸饮料、茶饮料、果汁饮料、罐头食品、医药保健品、休闲食品、婴儿奶粉、白酒等10大类160多个品种。

28年来，娃哈哈的发展得到了国家和社会的高度评价，先后获得了1000多项国家、省、市级荣誉称号。在做大做强自身的同时，品牌形象和消费者体验更是娃哈哈日常工作的重中之重。立足“品质+”的价值提升导向，娃哈哈努力实现让消费者“安心选用、安全享用”的质量安全目标。在品牌建设上，娃哈哈始终坚守健康、大众化、高品质的一贯品牌特性，成为中国最知名的品牌之一。

娃哈哈获此殊荣可谓实至名归，未来娃哈哈将继续秉承“健康你我他，欢乐千万家”的企业宗旨，通过自身的创新和发展，带动整个饮料行业的不断发展，不断登上新的台阶。这也是娃哈哈人一致的自我期许。

相关链接》》

质量让品牌更有含金量 娃哈哈以516.96亿元的品牌价值领跑“酒水饮料”类别

2015年12月12日，由中国品牌建设促进会、中央电视台、中国国际贸易促进委员会等单位联合举办的“2015年中国品牌价值评价信息发布暨论坛”召开，发布了2015年品牌价值评价信息榜单。杭州娃哈哈集团有限公司以516.96亿元的品牌价值，位列“酒水饮料”类别第一名，领先第二名近350亿元。

作为中国规模最大、效益最好的饮料公司，娃哈哈集团在品牌建设上早已斩获了诸多殊荣，516.96亿元的品牌价值也可谓是实至名归。但在娃哈哈集团掌门人宗庆后看来，品牌最大的价值是老百姓的口碑，“做老百姓随处可见，随手可及的大众化品牌，是我们的目标。而大众化和高质量并不矛盾。质量让品牌的含金量更高。”

品质第一

成立28年来，以生产食品饮料为主业的娃哈哈，一直视质量为企业生命，将“生产具有真正使用价值的产品”确定为公司的核心价值观，坚持走“品质高档化、价格大众化”的品牌路线，通过持续的产品创新，赢得了市场与消费者的信赖。近年来，公司引进了大量的尖端检测仪器与设备，培养了一批高水平高素质的质量检测监督人员，同时实施全员、全过程质量管理，保证产品质量。通过技术和管理的持续改进，实现让消费者“安心选用、安全享用”的质量安全目标。在同行中率先通过了ISO 9001质量体系认证和HACCP食品安全管理体系认证。

为保证娃哈哈全国上百家生产子公司的产品都按统一标准生产，集团所有分公司执行统一的工艺和产品标准，所有原材料由集团供应部统一采购管理，严格按照供应商管理流程选择合格的供应商，选择符合质量要求的原材料，并将全国各子公司依据地域分布分成五大片区，每个片区下设片区质量监测中心，对辖区内子公司质量保证体系运行情况和产品质量进行监测，形成了颇具娃哈哈特色的“集团总部—片区监测中心—分公司”三级质量监管体系，确保公司产品质量的稳定和统一。

宗庆后表示，质量是娃哈哈的立身之本。只有高质量的产品，才能保证企业长期的竞争力和吸引力。“我们的经验就是，全力打造质优、价廉的大众化品牌，形成规模化经营，保证产品质量，巩固娃哈哈的品牌。”

创新为先

从最早的儿童营养液发展到含乳饮料、瓶装水、茶饮料、果汁饮料、碳酸饮料、八宝罐头等11大类150多个品种，不断壮大的“娃哈哈”产品舰队，靠的就是企业始终坚持的产品创新。

据悉，娃哈哈拥有国家认定的企业技术中心和通过CNAS认可的实验室、博士后科研工作站、省级企业研究院、省级重点实验室，具有雄厚的产品研发能力，每年都有新产品、新的增长点，形成了品种齐全的产业链。这样一来，解决了产品生命周期影响企业生命周期的问题，既保证了娃哈哈的高速增长，也铸就了娃哈哈可持续发展的原动力。

如今，娃哈哈具有自主设计、加工制作设备、模具的能力，通过替代进口设备和模具，不仅降低了成本，而且缩短了新产品开发周期，加快了新产品上市速度，增强了企业竞争力。娃哈哈先后获得专利293项，其中发明专利16项，省市科技进步奖60多项，参与国际、国家和行业标准的制（修）订60项，在中国饮料行业发挥了领头羊的作用，是饮料行业技术创新成果最丰富的企业。

业内专家表示，100多个品种的产品，同一个“娃哈哈”品牌，产品线的延伸，不断强化了娃哈哈独具个性又富有包容性的“健康、快乐、可信赖”的品牌核心价值，并推动产品品牌上升为企业品牌。

第七章
娃哈哈，企业“家”文化

导言：

娃哈哈从3个人、借款14万元，靠卖棒冰、汽水起家，至2017年年底总资产达400亿元，全国有60多个生产基地，靠的是什么？其中很重要的一个方面，就是以和谐、发展、创新为导向的、独具特色的娃哈哈“家”文化。

第一节　企业文化

标识

娃哈哈的标识主要是一个带着可爱圆锥帽的儿童开心地笑着，体现了娃哈哈的品牌定位。

娃哈哈的标志

什么是“家”文化

娃哈哈文化的核心是“家”文化。

娃哈哈的“家”文化主要指：“凝聚小家，发展大家，报效国家”，即：企业必须正确处理好“小家”——每个员工个人，“大家”——企业，以及“国家”三者之间的关系，如下页图所示。

- 关系 1　只有把每个“小家”凝聚起来，形成合力，企业才能发展
- 关系 2　只有企业发展了，员工的生活才会有保障
- 关系 3　只有企业不断发展，广大员工才会有施展才能的舞台
- 关系 4　企业发展了，必须兼顾国家的利益，必须回报社会

小家、大家、国家的关系

因此，娃哈哈将维护员工、消费者、合作方等相关方利益，履行社会责任、促进共同发展等视为“产业报国、泽被社会”的具体内容。

企业宗旨

企业是社会的细胞，企业的发展离不开社会这个大环境。娃哈哈把“健康你我他，欢乐千万家”定为企业宗旨，将“产业报国、泽被社会”提升为企业的经营理念之一，奉行“凝聚小家，发展大家，报效国家”的“家”文化，并把稳岗就业、上缴税收、保护环境、支持社会公益事业等纳入企业的发展战略之中。

企业使命

娃哈哈的企业使命是“健康你我他，欢乐千万家”。

企业使命是企业生产经营的哲学定位，也就是经营观念。企业确定的使命为企业确立了一个经营的基本指导思想、原则、方向、经营哲学等，它不是企业具体的战略目标，或者是抽象的存在，不一定表述为文字，但影响经营者的决策和思维。这中间包含了企业经营的哲学定位、价值观凸现以及企业的形象定位：经营的指导思想是什么？如何认识事业？如何看待和评价市场、顾客、员工、伙伴和对手？

企业愿景

娃哈哈的企业愿景是成为业绩一流、责任恒久、基业长青的龙头企业。这样的愿景体现了娃哈哈的立场和信仰。

何谓企业愿景？是指企业的长期愿望及未来状况、组织发展的蓝图，体现组织永恒的追求。企业愿景是企业最高管理者头脑中的一种概念，是这些最高管理者对企业未来的设想，是对“我们代表什么”“我们希望成为怎样的企业”的持久性回答和承诺。企业愿景不断地激励着企业奋勇向前，拼搏向上。

核心价值观

娃哈哈的核心价值观主要表现在三个方面，如下图所示。

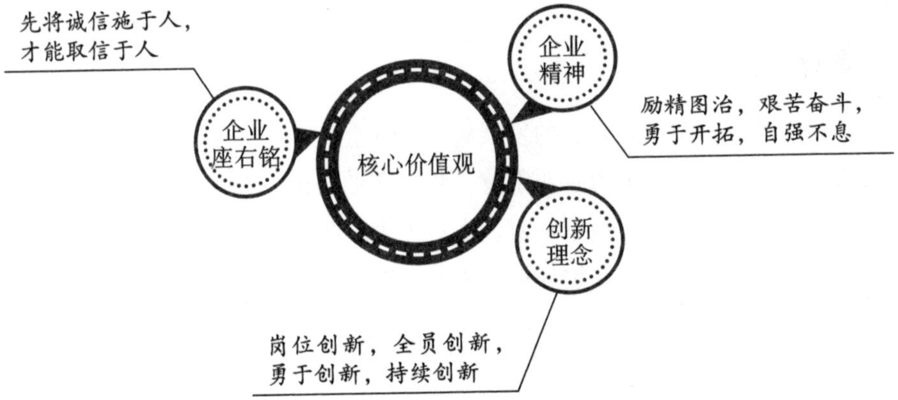

娃哈哈的核心价值观

【拓展阅读】

浙江娃哈哈昌盛方便食品有限公司建立实施诚信管理体系

浙江娃哈哈昌盛方便食品有限公司被嘉兴市列为2013年诚信管理体系认证建设重点单位。为加强诚信自律，保证食品安全，促进公司生产经营健康发展，从2013年8月开始，公司聘请浙江省食品工业协会老师赴娃哈哈昌盛方便公司进行诚信管理体系建立的技术咨询与前期服务辅导，目前体系正在内部试运行。

浙江娃哈哈昌盛方便食品有限公司诚信方针

遵纪守法、追求卓越、质量至上、回报社会。

内涵阐述：在集团公司“先将诚信施于人，才能取信于人”的诚信理念指导下，严格遵守与诚信相关的法律、法规、政策和要求，持续改进企业生产作业环节的控制和提升员工职业发展，精益制造，生产出安全、健康、为广大消费者所依赖的优质产品，实现集团公司“健康你我他，欢乐千万家”的宗旨。

浙江娃哈哈昌盛方便食品有限公司诚信管理体系目标

（1）重大食品质量安全事故为零，保证100%的合格原料投入。

（2）茶、果汁产品投诉率控制在亿分之四十五以内，PET乳饮料投诉率控制在亿分之七十以内，HDPE乳饮料投诉率控制在亿分之十八以内。

（3）银行信用等级在A级以上，财务账物一致。

（4）按计划完成生产任务，产品交付按时间规定达到99%以上。

（5）全年重大生产安全事故为零。

（6）全年环境污染事故为零，不发生环境纠纷和投诉事件。

（7）生产、技术、管理关键岗位人员稳定。

浙江娃哈哈昌盛方便食品有限公司践行诚信承诺书

我们承诺，严防源头关，不合格原料不进厂。

我们承诺，严控生产关，不规范流程不转序。

我们承诺，严把检验关，不合格产品不出厂。

我们承诺，严抓教育关，人人讲诚信重质量。

我们承诺，严守服务关，事事解答负责到底。

浙江娃哈哈昌盛方便食品有限公司诚信自律公约

为加强诚信自律，保证食品安全，促进公司生产经营健康发展，根据浙江娃哈哈昌盛方便食品有限公司诚信管理体系手册，特制定并遵守以下公约：

（1）依法生产经营。自觉遵守法律、法规及道义赋予的责任，遵守娃哈哈员工职业道德和职业规范；不使用不符合食品安全标准的食品原料、食品添加剂及相关产品。

（2）加强诚信自律。严格执行《浙江娃哈哈昌盛方便食品有限公司诚信管理体系手册》规定和要求的生产工艺和作业规范，熟记规章制度，熟悉生产（管理）流程，熟练掌握岗位技能，规范内部诚信监督与考核，开展自律活动。

（3）保证产品质量。执行食品安全全程控制，严把质量检验关，做到检验时有依据，检验后有记录，保证不合格产品不出厂。

（4）践行诚信诺言。积极推行浙江娃哈哈昌盛方便食品有限公司诚信管理体系，健全诚信制度，严格员工岗位诚信教育，全体员工签订诚信承诺书。

（5）履行社会责任。视质量为生命，以诚信为准绳，信守合同，不虚假宣传，不误导、欺骗消费者，不隐瞒工作失误或产品质量缺陷，不推卸责任。

第二节 关爱员工

娃哈哈始终认为员工是企业最大的财富，坚持“员工为公司创效益，公司为员工谋发展”的人本意识，坚持让员工共享企业发展成果，为员工搭建舞台实现其个人价值，通过激励和竞争并存机制调动员工积极性，促进企业与员工和谐健康发展。

员工权益

坚实有力的劳动保障机制

娃哈哈严格遵守国家的劳动法律、法规，劳动合同签订率100%，社险参保率100%，足额按时发薪率100%，制定了严格的劳动合同解除审批流程，多年来劳动合同违法解除率0%。娃哈哈对下属子公司法律、法规贯彻执行情况每月进行一次小检查，每年安排一轮大检查。建立了包括《劳动合同管理制度》《请假管理制度》《奖惩管理制度》《薪酬福利制度》《员工关怀制度》等在内的完善制度体系，职工代表与企业方代表依法签订《集体合同》《工资协议》，从制度层面切实保障员工的合法权益。

良好的职业健康维护措施

娃哈哈在所有生产及办公场所安装了空调、风扇、冷风机，开展建设项目环境影响评价及建设项目安全评估，严格执行建设项目“三同时”制度的相关要求，确保建设项目符合相关法律、法规，给员工提供良好的工作环境。公司不断提高生产线自动化水平，减少了员工的劳动强度，有效消除粉尘和有毒气体等职业病危害因素。公司实时对岗位噪声进行检测，对噪声达到85分贝的车间或者岗位，给员工配备了噪声防护耳塞等防护用品。公司每年组织员工进行健康体检。

严格的作业安全保护体系

娃哈哈要求员工层层签订安全责任书，横向到边、纵向到底，落实安全生产责任，对安全事故零容忍，建立了严格的问责制度。制定完善的安全操作制度规范，包括《安全生产管理责任制度》《危险作业安全管理制度》《设备安全管理制度》等。开展覆盖全员的安全作业培训，定期举行消防演习，提高全员安全意识。开展基于改善员工工作环境的项目小组活动，持续改进设备性能。制定针对火灾、地震、触电及设备损坏等突发事件以及其他危机事件的应急预案。

坚定的身份平等观念

娃哈哈与所有员工直接签订劳动合同，实行统一的福利制度。在人事体系取消“正式工”和“农民工”的说法，代之为“知识员工”和“外来青工”，员工类别体现的是员工间知识水平、岗位级别的不同，而非城乡身份差别；对所有员工实施同一套薪酬管理体系，并通过制度将薪酬的增加与员工贡献、技能提升无缝对接；娃哈哈向所有员工敞开工会组织大门，职工入会率为100%，每年职工代表大会外来青工的参会比例都不低于40%，保证他们在集体工资协议、企业各项管理制度、公司重大发展决策上享有充分的话语权和表决权。

薪酬福利

娃哈哈的薪酬福利是其关爱员工的最好证明，如下图所示。

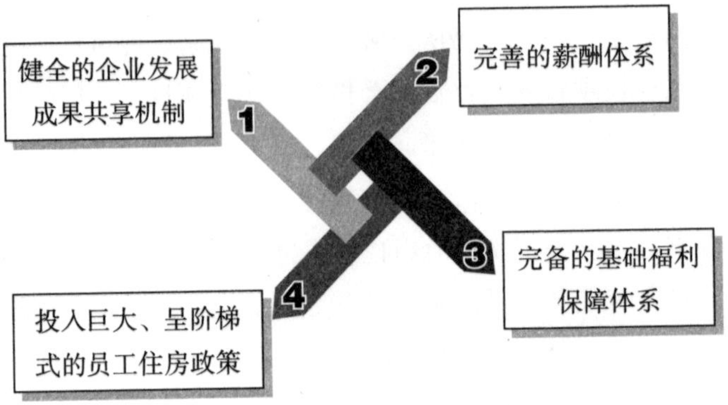

从薪酬福利看员工关爱

健全的企业发展成果共享机制

娃哈哈认为，企业利益与员工利益是一个有机的整体，是相辅相成的。20多年来，娃哈哈每年都为员工加工资，从创业之初至今工资已经增长了100多倍。2012年娃哈哈贯彻党的十八大精神，制订了员工收入倍增计划，完成了新一轮全员增资，年增资幅度在10%左右。

完善的薪酬体系

娃哈哈建立了统一的薪酬体系，基于相同的职位职级体系制定了各类人员的薪资标准，建立了由工资、奖金、年终奖、股份分红、突出贡献奖励等组成的薪酬结构，有效体现岗位、绩效、能力三大薪酬要素，并做到了短期与长期激励相结合。同时，积极稳妥地开展增资工作，每年对员工的收入状况进行分析，制订年度增资方案，调整薪资政策。

完备的基础福利保障体系

娃哈哈的全国60多个食堂均零利润向员工提供物美价廉的饭菜并且发放用餐补贴，所有员工均享有旅游费、年休假、节日慰问补贴、劳保用品等福利。

组织员工集体游海南、长江三峡、港澳地区、东南亚，每位外来务工人员享有15～20天的淡季探亲假并报销往返车船费的权利，公司为员工提供上下班车服务。对于春节还坚守岗位的员工，娃哈哈除了按照法定要求支付加班工资外，还给予特殊补贴，由董事长在年夜饭上将其亲自交到员工手中。

投入巨大、呈阶梯式的员工住房政策

娃哈哈以巨大的投入帮助员工实现安居乐业的梦想，解决高房价时代员工面临的最现实、最直接、最困难的问题。公司免费为每一位外来青工提供宿舍，宿舍内空调、电视、网络等设施一应俱全；对于年满一定工龄、表现优秀的已婚外来青工，娃哈哈还斥巨资建起了400多套70～90平方米的廉租房，统一装修后将其分配到员工手中；对于在杭州的知识员工及老员工，娃哈哈累计分配安居住房1200多套，发放住房补贴4000万元。

成长发展

娃哈哈倡导“唯德唯才、有用即才、人皆为才”的人才观，重视人才的开发培养，整合形成了激励与竞争机制双驱动的系列人才工作发展观及实施方法，建立了完善的人才培训培养体系，创新应用竞争上岗、资质认证、赛马选才等手段，实现了能上能下，打造了员工“发展大舞台”。

立体化的人才培训培养体系

娃哈哈以培养职业、专业、敬业、乐业的“四业员工”为目标，建立形成了以任职资格标准为牵引，资源体系和运营支撑体系为支撑，兼顾各层次员工，灵活运用各类培训技术手段的特色人才培训培养体系，通过岗位行动学习、导师帮带、轮岗练兵、集中培训、自主学习、继续教育等多种方式，兼顾企业发展与员工个人成长需要，对干部员工进行点面结合的持续性培养，培训覆盖率达100%，年人均学时达35小时，培训资源实现有效落地。

娃哈哈建立了庞大的课程资源库，包含集团级课程600余门，子公司级课程数千门。组建培训了一支以内部兼职讲师为主的培训师队伍，人数超过900人。自主开发了资源共享及信息化培训管理平台，实现培训课程的在线传播及各级

培训计划的全过程管理。实行三级培训管理体系，集团公司、片区管理中心、各部门及子公司各司其职，根据娃哈哈运营发展需要，以“解决实际问题”为指导方针，把脉员工现有技能与理想状态的差距，在培训管理制度的保障下，形成培训有序、自运行体系，每年分层次分类别开展各类培训4000多场。

娃哈哈自主设计开发了内部关键岗位技能鉴定系统，覆盖60多个关键岗位，配套开发线上及线下课程188门、教材50多册，实操与理论题库482套15万多道试题。

娃哈哈还通过师徒结对、视频课程开发大赛等特色活动传承弘扬传道授艺优良传统，营造学习型组织氛围。

畅通的职业通道及广阔的事业发展舞台

娃哈哈为各类员工搭建了完善的职业发展通道，所有员工同等享有发展机遇。

娃哈哈量身定做了高度集成的任职资格管理体系，兼顾适应性和稳定性，及时重构拓宽员工职业发展通道，制定了各岗位任职资格标准及资质认证管理办法、实施流程。

娃哈哈在干部等核心人才的管理任用上，强调“能者上、庸者下、平者让”的原则，建立了竞争上岗机制。

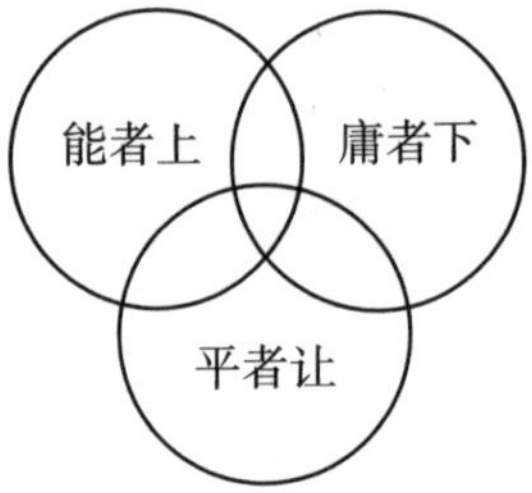

娃哈哈人才任用原则

娃哈哈实行后备梯队计划，分层分类建立后备人才库，实施了以培养管理后备干部为目标的“长青计划”、以实现外地子公司干部及技术骨干当地化为目标的“星火计划”、以激活一线工人队伍为目标的“一线技能人才池”等重点项目，将业绩突出、具有发展潜质的员工选拔出来，通过集中培训、导师帮带、轮岗练兵、挂职锻炼等手段进行重点培养及定期考察，助力骨干人才的职业发展。

员工关怀

健康辅导

每年娃哈哈工会都会联合浙江大学、团省委、杭州市总工会等机构，邀请专业的心理学老师，为员工举办心理健康（养生）知识讲座，让员工了解自身心理变化的规律及心理自我调适的方法，引导员工树立公平竞争、宽容大度、和谐相处的交往态度，培养员工积极进取、相互协作的精神，并每年组织员工进行健康体检，让员工充分感受到企业对员工的关心和爱护。

困难帮扶

建立并完善困难职工档案制度建设，每年春节前开展以“新春送温暖，情系娃哈哈”为主题的爱心送温暖活动，对因重病等原因致困的在职、退休员工进行困难慰问和帮扶，对特别困难的员工，多渠道进行帮扶，除公司内部进行帮扶外，还向上级工会申请困难帮扶资金支持，并在公司内部发动员工献爱心活动。

文体活动

娃哈哈在每个生产基地均设有“职工之家”，有阅览室、健身房、乒乓球房、台球房、羽毛球馆等，部分有条件的基地还有标准篮球场、网吧等文体设施。具体如下图所示。

活动一：每年开展以“劳动竞赛比水平，提高技能比贡献”为主题的各类劳动技能大赛，不断提高员工的劳动技能水平；以“健康工作，快乐生活”为主题的系列文体竞赛活动，有乒乓球、羽毛球、台球、篮球、广播体操等项目

活动二：每逢中秋、春节，公司都会举办歌会和团拜会，为留厂青工举办“千人年夜饭”，董事长宗庆后亲自为员工发红包，举杯祝酒，与大家共迎新年

活动三　每年开展以“互谅、互助、互通、互学、互敬”为主题的“五互同事节”，推动和谐同事关系

活动四　娃哈哈成立了员工健身俱乐部、摄影俱乐部、思慕俱乐部、篮球俱乐部、羽毛球俱乐部、英语等兴趣社团组织，丰富青年员工业余文化生活，传播正能量

活动五　每年暑假，举办“娃哈哈小候鸟，亲子杭州行”“出彩·娃哈哈——家有宝贝才艺秀”“优秀少儿电影进厂区”等活动，关爱外来青工生活及子女教育

活动六　开展“中秋团圆夜，家书诉衷肠”活动，中秋前夕，公司组织将员工家书连同月饼一起寄往员工家乡

娃哈哈的文体活动

民主管理

组织制度健全

娃哈哈在全国建立了76个分工会、75个党支部、22个团支部，员工工会入会率100%。根据企业发展和工会自身建设需要，建立并多次修订了《工会财务管理制度》《工会职工来信来访制度》《厂务公开民主管理实施意见》《“职工之家”活动室管理规定》《职工家属医疗管理制度》等各项工会规章制度，保障了工会各项职能的顺利开展，每年娃哈哈除及时将地税代征上交上级工会40%工会经费外，其余60%经费均能一次性及时到账。

职工代表大会

从1992年4月娃哈哈召开一届一次职工代表大会开始，企业就通过职代会形式听取职工代表关于劳动报酬、工作时间、休假制度、劳动安全卫生、保险福利等关系员工切身利益的意见建议。

2004年9月，第四届二次职代会审议通过并签订了第一份集体合同，以后每年通过集体协商签订工资集体协议。

从2010年开始，娃哈哈要求其下属的全国160家分公司全面实行二级职代会制度，开展工资集体协商、签订《集体合同》。

沟通渠道顺畅

娃哈哈通过员工维权热线、员工维权信箱、工会主席接待日、离职员工访谈、总经理信箱，每年职代会的职工合理化建议等形式广泛开展和员工的沟通与交流，及时化解劳资纠纷，维护员工的合法权益。

娃哈哈开展了党员、党委成员亮身份，工会主席亮身份，并公布各级工会主席维权电话和邮箱。

通过全方位的人文关怀，顺畅的人才成长通道，让员工在企业的发展中实现个人的价值，因此员工对企业的忠诚度极高，勤奋、敬业，为构建“和谐企业”“和谐社会”奠定了坚实的基础。集团被授予“全国模范劳动关系和谐企业”“全国双爱双评先进企业”“全国五一劳动奖状”“关爱民工共创和谐”等荣誉。

相关链接 》》

娃哈哈：29年传统年夜饭 简朴温情动人心

随着除夕的临近，娃哈哈下沙生产基地逐渐喜庆、热闹起来。不管是工作十几年的老员工，还是进公司不久的新员工，都开始憧憬公司自办的“春晚”——年夜饭。“俊杰大酒店”——其实是员工对由仓库临时改造成的餐厅的昵称，顿时成为大家口中的热词。

餐布还是那块红餐布，桌上的饮料也是大家熟悉的，一如娃哈哈的简朴。145张餐桌上摆满了水果、炒货和饮料。年夜饭的节目，自从娃哈哈艺术团成立后，也变得“高大上”了，2017年的抽奖奖品也是相当“壕”：iPad Air2、电动自行车和vivo手机。

2017年1月26日，农历廿九中午，1400多名在杭外来青工相聚在“俊杰大酒店”主会场和下沙食堂分会场，开始一年一度的年夜饭。

员工们听说大家长来了，忙起身鼓掌欢迎。和蔼的大家长则忙着挥手示意大家坐下，致辞、敬酒、发红包，然后边吃年夜饭边欣赏艺术团精心准备的演出……

娃哈哈年夜饭现场

这是宗庆后请留守员工吃年夜饭的第29个年头。年年请，年年发红包。

与下沙一样，娃哈哈遍布全国各地的80多个生产基地，也由当地分公司组织年夜饭，在春节前上演娃哈哈对员工的温情一幕。

心系员工，年年涨工资发红包

“企业发展离不开员工，我们每年都要为员工加工资”，宗庆后说，“企业履行社会责任，首先要对自己的员工负责，只有不断提高员工的收入，才能让他们获得更多幸福感，才能实现员工的安居乐业梦。”

宗庆后给员工发红包

据了解，娃哈哈每年都会对知识员工进行年终考评，考评优秀加二档工资，考评合格加一档工资，一线外来青工也一样。考虑到2016年物价上涨较快，员工生活压力较大，除给知识员工另增加50%年终奖额度之外，对在杭外来青工及外地分公司员工，在原核定年终奖金额度的基础上，另增加20%的年终奖金额度。

曹贵女来自饮料分公司，是“千人年夜饭”队伍中的一员，她至今还清晰记得进公司时的情形。掐指算来，这是她在娃哈哈吃的第19顿年夜饭了。

她的老家在千岛湖，其实离杭州也不远，也就两个小时的车程。这些年来，她年年留在公司吃年夜饭，“过年过出了习惯”。这些年来，娃哈哈也没让她失望，“福利一年比一年好，工资年年都在涨，特别是今年还增发了年终奖”，娃哈哈对她来说，就是一个家。

除了加工资、增发年终奖外，娃哈哈还帮助员工实现安居乐业的梦想，解决住房问题。给外来青工免费提供宿舍，空调、电视、网络等设施一应俱全，双职工还可以申请“夫妻房”；对于年满一定工龄、表现优秀的已婚青工，还可以分到70～90平方米的廉租房，由公司统一装修，只需象征性交点租金。这些让其他公司羡慕的福利，可让青工在娃哈哈这个大家庭里实现安居乐业的梦想。

转型升级，“杭州国际科创小镇”呼之欲出

新年伊始，在杭州佛学院举行的“让国学走进生活”公益论坛上，娃哈哈发布的两款养生粥品——“红枣小米福养粥”和“百合莲子清养粥”，首月订单就达到300万箱，打响新品第一枪，成为市场上最抢眼的“爆款”。

随着生活水平的提高，健康养生成为国人选择饮食的重要标准之一，“追求绿色”“药补不如食补”的观念亦深入人心。为了做好一款承载国学传播与养生使命的产品，宗庆后亲自参与了产品配方的定制，让研发人员从传统中医药学中各类养生粥方出发，利用“药食同源”的中医药理念，如古代医书中记载的莲子、百合、红枣、枸杞等，最终推出这两款养生粥品。

将中医养生理念融入新品研发过程，运用传统智慧服务现代消费者的健康需求，是娃哈哈主业上进行产品升级，从安全向健康发展的一个例子。在2016年，娃哈哈推出的晶钻水、爱迪生奶酪酸奶等产品，时尚的外观以及健康配方受到大批年轻消费人群的青睐。

在坚持主业发展的基础上，娃哈哈开始向高新技术企业进军。据介绍，娃哈哈成立机电研究院，已开发了码垛机器人、投放料机器人、装炸药机器人、装铅锌电池机器人，同时开发了伺服电机、伺服驱动器、直驱电机等机器人核心零部件。1月6日，整装完毕的17个集装箱缓缓驶出下沙生产基地大门，通过海运的方式运往2500公里外的缅甸，这是继2016年后“娃哈哈制造”再次走出国门。

而最令人期待的是筹备中的“杭州国际科创小镇”。宗庆后透露，准备与以色列佩雷斯中心及以色列三所大学、中科院、国内几所名牌大学等研究机构以及北大后E促进会合作，瞄准全球创新高地，汇聚全球顶尖大学的技术创新成果，开创“全球技术—杭州加速—中国创新”的产业链创新模式，为入驻企业提供产业升级综合解决方案，建立创新成果与产业无缝对接转化的应用机制，从而为浙江、杭州的企业转型升级提供技术支撑，创造弯道超车的机会。

精准扶贫，先富带后富实现共同富裕

谁也没有想到，宗庆后到义乌考察乘坐了一趟高铁二等座，人还没有到站，却成了“网红”，受到无数网民的点赞。这对他来说，其实是最普通不过的一次出行，正如评论说的“走红的不是坐二等座，而是节俭的浙商精神”。

对自己很节约，但对需要帮助的人，宗庆后却很舍得。在2017年杭州“春风行动”动员大会上，娃哈哈当场认捐1000万元。从2000年开始，娃哈哈每年带头捐款，而且捐款数额不断攀升，累计捐款高达7460万元，帮助16874人圆了大学梦。迄今娃哈哈用于慈善的捐款已逾5亿元，其中教育超过3亿元。

“国家富强，教育是根本。”宗庆后动情地说，“回报社会，做点善事，是中华民族的美德。改革开放以来，人民群众生活水平大大提高了，但还有一部分人比较贫穷，主要原因是受教育程度低，劳动能力上有差异。娃哈哈开展春风助学的目的，就是提高‘造血’功能，提供一个创造财富的手段，鼓励他们勤劳致富，这样才能实现真正脱贫。”

娃哈哈作为率先发展起来的企业，除了支持教育外，还把“先富带后富，实现共同富裕”作为企业应尽的责任，把分公司建在中西部贫困地区、革命老区、少数民族等欠发达地区，走出了一条精准扶贫、造血扶贫的新路子：

——吸纳3万人就业。娃哈哈作为中国最大的饮料龙头企业，有近3万名员工，其中来自欠发达地区农村员工占80%以上。即便在金融危机冲击最为严重的2008年、2009年，娃哈哈也不仅没有裁员，还在全国投资60多亿元，扩大了生产线，增加了上万工作岗位。

——间接带动上百万人致富。娃哈哈通过在全国各地建厂，间接带动了产业链上下游原材料、包装材料、水电、运输等相关行业发展。此外，还有大量为娃哈哈销售的商户，近万家经销商、十几万家批发商和数以百万计的零售商，在跟娃哈哈合作中实现致富。

——累计上缴税金500多亿元。娃哈哈在历年的绩效考核中，将上缴税金作为绩效考核的重要指标，为此建立了健全的税收管理体系，分区落实相关培训、指导及监督工作，规范涉税业务管理指导，保证正确缴税，2016年就向国家上缴税收48亿元。

三十而立。从1987年到2017年，娃哈哈走过了30年。

“2017年我们要撸起袖子加油干，再创辉煌。因为2017年是创业30周年，包括经销商、全体员工，大家都希望30周年给公司献上一份厚礼！”宗庆后对新的一年信心满满。

“长风破浪会有时，直挂云帆济沧海”。我们坚信，曾经创造过无数奇迹和辉煌的娃哈哈，在中央“着力振兴实体经济”的利好政策鼓舞下，一定能在转型升级的新征程上再创辉煌，向党的十九大胜利召开和企业创业30周年交上一份优秀的答卷。

相关链接

看娃哈哈怎样为员工谋福利

娃哈哈员工介绍他们在企业感受到的幸福。

“做企业就是给大众谋福利。”娃哈哈创始人宗庆后的这句话早已为我们所熟悉，而他最近关于“员工比我幸福”的提法更是引起了企业界关于幸福话题的讨论。自1987年以来，这家从3个人卖冰棍起家的企业，一直凭这样的理念稳步前行，目前已在中国29个省市自治区建有66个生产基地、170家子公司，拥有员工近3万名、总资产350亿元。

2013年4月10日，由今日早报策划组织的“浙江十大幸福企业评选”活动开始了走访阶段的第一站，由浙商研究学者、浙大MBA学员、中小企业家和媒体共同组成的考察团，走入了娃哈哈位于下沙的乐维生产基地，在生产一线一探究竟，接触宗庆后口中比他幸福的员工们，切身感受娃哈哈集团“为大众谋福利”的幸福标本。

员工人均年收入7.9万多元，还帮助解决住房难题

如何评价一个企业的幸福感？考察团成员深入了解了员工的收入情况。

“娃哈哈目前实行全体员工持股，自2005年起打破了身份界限，让外来务工人员和正式员工一样拥有公司股份，只要在公司工作达到一定年限并通过考核，就可以拥有股份，目前，全公司持股人数已经超过1万人。”娃哈哈集团政治部部长金顺星告诉记者，在员工收入方面，娃哈哈最近4年已经8次大范围提高员工收入，“2012年娃哈哈在杭员工（包括外来青工）人均收入7.9万多元，远高于国内城镇居民平均收入”。

“7.9万？这比我们白领的工资还高。”一名考察员感叹。

“还有，我们对于已婚员工，会发放住房补贴，并根据员工的能力和贡献分配房子，迄今为止已向在杭员工分配住房1452套，每年还在不断增加。”

“我和老婆两个人在杭州买了房，现在准备考虑买车了。”王荣栋说，自己是娃哈哈生产车间的一线工人，“我初中毕业，只是一个普通技工，能够在杭州这样的城市安居乐业，有房有车，还有什么理由不满足的呢？”

王荣栋透露，自己和老婆一年的收入，连分红要超过20万元。“我想，能在这里工作是幸运的。”

职业机会均等，农民工有能力一样得到重用

有不错的收入，还提供住房，这解决了员工的后顾之忧，那么，员工的职业道路是否畅通呢？这也是考察团所关心的。

“我现在是车间主任，（20世纪）90年代初进娃哈哈的时候还只是个20岁出头的毛头小伙。”刘顺成是最早进入娃哈哈的外来青工之一，在娃哈哈工作没几年就回老家安徽农村盖起了房，后来村里的父老乡亲也被打动，跟着刘顺成来到了娃哈哈。“现在我有20几个老乡在这里干，基本都在管理岗位了。”

金顺星说，娃哈哈在员工职业生涯规划上强调机会均等，用人的标准是看能力，看素质，看有没有真本事，而不是看学历或者身份背景，所以现在已经有6名外来青工成为分公司的总经理，有400多名外来青工走上了管理岗位，2800人获得技工称号，成为公司发展的中流砥柱。

据了解，除了制度上的保障，娃哈哈还倡导“家”文化，每年会为外来青工精心准备“千人年夜饭”，宗庆后会亲自到各个基地给员工敬酒、送祝福、发红包。

“在这种文化的熏陶下，员工之间互相帮助献爱心也已经蔚然成风，这些年仅员工之间的捐款数就已经多达150万元左右。”金顺星透露。

“4年前，一位同事在出差途中出事故去世了，我们自发每年都为这位同事捐款，悄悄给他的父母亲寄去；只要谁出差路过他们家，都要去拜访下他的父母，尽量让他的父母能够感受到足够多的温暖。”在娃哈哈研究院工作的翟鹏贵告诉记者，像这样的员工之间的关爱故事，数不胜数。

相关链接》》

杭州娃哈哈集团有限公司人力资源开发管理之道

质量是人创造的。只有一流的人才队伍，才能创造一流的质量。这个道理人人都明白，但真要落到实处，可就不那么容易了。

时值岁末年初，很多企业正面临着“用工难、留人难”的困境。而杭州娃哈哈集团有限公司日前却凭借“大型民企竞争与激励机制双驱动的人力资源开发管理”，被中国企业联合会、国务院国资委企业改革局、工业和信息化部产业政策司和中小企业司评为“国家级企业管理现代化创新成果”二等奖。

对于消费者来说，娃哈哈的创新体现在不断推出的新产品上；而对于娃哈哈自身而言，质量和创新的基础，都在于人。27年来，借助竞争与激励机制双驱动的培养模式，娃哈哈塑造了一支“拉得出、打得响、过得硬”的干部员工队伍，为质量和创新打下了坚实的基础。

为员工“量身定做”职业通道

有一句名言是，不想当将军的士兵不是好士兵。可要是大家都奔着将军去了，谁来当士兵呢？娃哈哈长期专注饮料行业，属于劳动密集型行业。对于一线工人而言，当领导似乎太遥远，可长期在岗位上重复劳动又太过枯燥，该如何激发他们的积极性呢？

近年来，娃哈哈对公司岗位体系进行了全面梳理和挖掘，按照职种归类的原则将外地员工、杭州员工、销售员工、行政干部4套职位体系进行整合，并进行了重构拓展，形成1200多个岗位容量、适应公司当前人力资源队伍结构和未来发展需要的职业通道体系。

该体系囊括管理、专业、技术工人、行政干部、营销5类通道发展模式，每类通道按知识技能水平的高低和承担责任的大小分为若干等级，构成员工职业晋升通道。这样一来，员工晋升通道实现多元化，不同专业类型的员工可以平行发展，只要达到更高的任职资格标准，就可以在自己的专业领域获得发展，也可以通过专门的培训转向自己感兴趣的领域，打破了“管理独木桥”现象。

有了发展空间，职工便有了进步的动力。于是，考核和激励就变得更为重要。娃哈哈以“按岗位、讲业绩、凭能力”为原则制定任职资格标准。首先，进行岗位价值评估，根据评估结果对不同岗位对应的任职资格标准中级别通道长短进行设计。例如，设备工程师从专业5级到专业主管，SIDEL灌装机操作维修工是从5级技工到1级技工，理瓶机操作维修工则是从操作工到5级技工。其次，根据对不同职位级别的角色定义和要求，制定任职资格标准通用定义，作为员工能力的总标尺和标准制定、修订、认证评审的统一指导框架。最后，以通用标准为纲，制定所有岗位的任职资格标准，包含岗位职责、绩效与贡献、专业技能、必备知识和基本任职条件5大模块，全面描述每类岗位不同能力级别人员应该知道什么、能做什么、应该如何做、能够做到什么程度，为人才选聘、培养和晋升评估工作建立参考。

如此一来，每个职业通道的不同职位级别在任职资格标准的5个模块内容上都体现了广度、深度和难度方面的差异，并且层级差异的大小和总体水平随着公司发展要求的变化和员工整体任职水平的提高而不断变化。为此，娃哈哈还建立了任职资格标准常态化修订制度，确保公司文化、战略目标以及管理要求及时转化为员工的职业化行为。

在考核方面，娃哈哈已经形成员工自评、部门/片区初评、人力资源部审核、集团业务线复评、公司审批、结果公示、反馈等在内的成熟流程和执行规范。员工通过优秀的工作表现和业绩获取认证申请的机会，以实际做出的工作成果和经历的工作项目证明已掌握申报级别所要求的各项能力指标，以实实在在可呈现的工作事例、创新成果、服务成效等第三方证明来举证说明。通过认证，将有能力的员工晋升到更高的级别，承担更重要的职责，鼓励其做出更大的贡献；将不能胜任的员工降级，形成能上能下的级别动态管理机制。

对于大家最关注的薪酬体系，娃哈哈将员工职位分类分级与薪酬直接挂钩，其中岗位工资、薪级工资、绩效奖金系数、持股额度都与职务级别严格挂钩。员工级别的升降直接触发薪酬的较大幅度变动，从而激励员工不断提升能力，创造业绩。

为员工科学搭建自我提升平台

人是最大的生产力。员工素质和技能的提升，是企业发展的必经之路。在员工培训上，娃哈哈向来舍得花钱，更舍得下功夫。

近年来，娃哈哈坚持“自己的员工自己培养，自己人培训自己人”的思路，每年组织开展视频课程开发大赛，发动员工成立课程开发团队，对先进的操作方法、优秀的经验技巧进行总结并以视频形式予以呈现；制定实行内部课程常规评审制度，鼓励内部培训师积极开发优秀课程。目前，娃哈哈集团级课程资源库拥有岗位教材160套、课程600门以及题库1632套，并已实现分级分类管理。娃哈哈还通过部门子公司推荐、公司审核评定等程序，选拔出一批专业能力强、具有一定授课能力的员工成为兼职培训师。娃哈哈通过制定兼职培训师激励政策，每年对兼职培训师的业绩进行评定和奖励表彰，激发兼职培训师队伍的活力和责任心。目前，娃哈哈已经选拔培养了集团级金种子培训师200多人，子公司级金种子培训师1000多人。

娃哈哈还自主设计开发了一套定制化信息平台资源，集在线学习考试、培训信息传播互动、培训计划跟踪管理等功能于一体。该平台通过“资源中心”更便捷高效地分享自主开发课程，员工可按需在线学习相应的课程并取得学分，亦可通过“培训通知”模块了解培训计划并在线报名，通过“学习档案”模块查询学分规划自主学习，通过“认证中心”模块查询业务技能认证资格。同时，该平台还实现了培训全流程分级管理的无纸化操作，培训中心通过系统实现培训通知发布、报名信息整理、培训计划执行管理、课程资源管理、兼职培训师队伍管理、员工学习考试管理、持证信息管理等多项管理功能。

为了提高培训的效率和针对性，娃哈哈基于任职资格标准和胜任力模型建立了分层分类培训体系。例如部厂级干部聚焦于领导力、工业工程科学、企业生产经营管理实践等方面的培训，以专题讲座、业务研讨、标杆参访、立项实践为主要形式；储备干部聚焦于基础管理理论、实用管理技术、通用素质、生产经营管理实践等方面的学习，以挂职锻炼、集中培训、导师帮带培养为主要形式；研发人员聚焦于行业前沿资讯及动态、本领域尖端技术、科研思路与方法、创新思维、研发与市场的匹配等方面的汲取，以学术论坛交流、专业期刊学习研讨、内部跨部门培训交流为主要形式。

基于技能人才“一专多能”的培养目标以及其自我提升规划意识和能力相对薄弱的特点，娃哈哈还自主设计建立内部岗位技能鉴定体系，分初、中、高3个等级，对应能力评价体系中的“掌握、熟练、精通”3种程度，构建一条明确的技能增长路径图。

经过4年的努力，目前该套体系已经覆盖71个岗位。娃哈哈每年组织开展一轮鉴定，对于通过鉴定的人员，以通报形式公示并表扬，对于通过中级及以上人员给予一次性物质奖励。员工取证情况还与技能系数挂钩，进而影响每月收入，充分调动员工学习知识、钻研技术的热情。

目前，娃哈哈每年参与认证的人数已经超过1万，累计持有岗位技能鉴定证书人员8051人，其中持有中级证书1014人、高级证书222人，持有2项以上证书1588人，有效提升了技能人才的能力水平。该体系还填补了饮料行业的空白，被认定为“浙江省企业技能人才评价标准化体系建设基地”。

让员工成为企业的主人，让企业成为员工的学校。娃哈哈的人才培养模式证明，员工的创造性和积极性一旦被调动起来，将为企业发展壮大提供无穷动力。

第八章
娃哈哈，重社会责任

导言：

奉献优质产品，为社会创造更多财富；关心善待员工；做好环境保护；扶贫济困，先富带动后富；支持慈善事业，帮助弱势群体。这些都是娃哈哈的社会责任。

第一节　绿色生产

环保组织

娃哈哈建立了一支环保专业队伍：集团EHS专员2人、环境工程师3人，每家分公司设EHS专员1人、污水处理站运营师2～4人。

“做好环境保护，让天更蓝水更清”，娃哈哈重视全员环保意识的培养，通过标语、宣传栏、集团报、内部网等多种形式进行节能减排、环境保护等方面的宣传，加深全体员工对绿色生产的认识。

环保投入

娃哈哈每年处理污水量2000万吨以上，COD年削减量达4.6万吨。每年污水、废气、固体废弃物处理费用在1.2亿元以上，每年投资在环保处理设施建设（新建、扩建、改建）的费用不低于5000万元。

节能降耗

公司积极开展节能减排，对不合理的工艺设备进行技术提升改造，改进加工工艺，以达到保护环境、确保食品安全和提高资源综合利用的效果。

娃哈哈是生产水的企业，却很节约水，通过技术改造，每年节约水超1000万吨；通过电解食盐活化水（ECA）技术、空压机热回收技术、屋顶光伏电站等项目减少化学品消耗，减少污染，降低碳排放，担负起企业应有的社会责任。

【拓展阅读】

环保案例

一、电解食盐活化水（ECA）技术

电解食盐活化水（ECA）技术应用于热灌装生产线的CIP清洗，对配料罐体及管路消毒，瓶盖杀菌，及灌装设备的SOP外部消毒。与传统CIP清洗相比，能源消耗方面：电节约2.3%，蒸汽节约63%，水节约10%，清洗时间节约10%；化学品消耗上：碱节约50%，酸、过氧乙酸、次氯酸钠可以完全不用，节约100%。目前公司已在合肥分公司实验并试用，按18吨/小时热灌装能力生产线计算，采用ECA技术替代常规CIP清洗消毒后，每天可节约蒸汽36吨，年可节约酸46500千克，节约碱160000千克，节约过氧乙酸30000千克。该工艺有效节约了生产成本，同时还减少了废气、废液的排放，对实际生产和环境保护具有重要意义。

二、空压机热回收技术

利用空压机余热提高反渗透进水温度以提高产水率技术。空压机运行中产生的大量热量以往被散热器和散热风扇排到空气中，没有利用此部分热能，反而造成运营成本的增加和环境污染。现在将空压机余热用于反渗透进水加热，不仅节约了大量的燃料，同时也节约了大量的用水。反渗透系统以25摄氏度为基准设计，进水温度每升高1摄氏度，膜水通量增加10%，空压机余热回收可提高进水温度5摄氏度，可提高反渗透膜水通量50%，可节约用水12.5%。

三、屋顶光伏电站

光伏屋顶对环境污染小，并且能够大量减排二氧化碳，是国家支持和大力推广的节能减排项目之一。使用光伏电力，有助于企业树立绿色低碳、节能减排的良好形象。公司已在下沙启力营养食品、合肥分公司进行了屋顶光伏项目。其中下沙启力营养食品已建厂房屋顶可以安装2.8兆瓦，夏天最大发电量为960千瓦时，第一年可发电313万千瓦时（以后每年衰减1%）。按照目前国家每发一度电产生的二氧化碳1030克计算，每年可减少碳排放3218吨。合肥分公司可以安装峰值总功率1900千瓦时光伏电站，夏天最大发电量为650千瓦时，第一年可发电212万千瓦时，每年可减少碳排放2183吨。与传统火力发电相比，2015年共可节约标准煤13331吨，减少二氧化碳排放239092吨、二氧化硫排放392吨。

社会环境治理参与

公司积极响应政府号召，参与环境治理：积极参与污水、防洪水、排涝水、保供水、抓节水的五水共治活动。除了内部认真落实环保工作、加强厂区环境优化外，同时与社区联动，组织环境治理宣传和参与各项活动，积极认真地落实相关措施参与河道治理等社会环境治理。

相关链接 》》

娃哈哈荣获“中国工业职业教育领军单位”称号

2016年6月28日，中国工业职业教育奖评审委员会（以下简称“评审委”）按照《中国工业职业教育奖评选规则》规定程序和内容，组织开展了首届中国工业职业教育评审工作，对第一批申报单位进行了评审。杭州娃哈哈集团有限公司等10个单位被授予“中国工业职业教育领军单位”称号。

娃哈哈集团创建于1987年，前身是杭州市上城区的一个校办企业经销部，在创始人宗庆后的领导下，现已发展成为中国最大的饮料食品企业，各项经济指标连续18年位居中国饮料行业第一。29年来，娃哈哈高速健康发展，其中，业务水平过硬、具有较高综合素质的员工队伍是重要保证。

在职业教育方面，娃哈哈致力于学习型组织建设，通过岗位行动学习、导师帮带、轮岗练兵、集中培训、自主学习、继续教育等多种方式，有规划地对干部及员工队伍进行点面结合的持续性培养，构建了“立体化”的人才培训培养体系。该体系通过培训管理制度，由“集团—片区—分公司”构成的三级培训组织网络、成熟的课程、师资资源及企业网络学习平台、功能强大的培训管理信息化平台支撑，实现了培训管理有抓手、执行有师资、效果有评估、行动学习有考核的良好局面。

具体表现为：

一方面，娃哈哈坚持传承创新，构建了立体化的职工职业教育体系。参考国家职业资格鉴定系统自主创新设计了关键岗位技能鉴定体系，分为初、中、高三个等级，对应能力评价体系中的“掌握、熟练、精通”三种程度，构建了一条明确的技能增长路径图。经过6年的运行和完善，逐步形成7大业务线79个岗位的鉴定范围，实现生产一线关键岗位全覆盖，年均通过鉴定取证人数超过6000人。配套形成360多份学习教材与课程，330套鉴定题库，成为公司内部整合培训资源、提升一线员工岗位技能、引导员工不断进步的重要平台。

另一方面，娃哈哈坚持顺势借力，充分开发利用外部培训资源。及时获取外部政策并积极选送技能人才参加培训和交流，包括选送数十名员工参加浙江省国（境）外"金蓝领"高技能人才培训、推荐各业务线专家参加国家级/省级专题高级研修班开阔视野；联合职业教育机构组织700多名员工参加电工、焊工、钳工等国家职业资格培训与鉴定；积极推荐具有绝招绝活、业绩突出的一线技能人才参加省市高技能人才直接认定和首席技师认定；选派内部技能比赛佼佼者，参加省市各类技能大赛，为个人和集体都赢得了荣誉和成长。

此外，娃哈哈还坚持资源整合，依托政府支持加强技能人才队伍建设。例如，结合公司内部开展的"师徒结对"活动和政府大力推动的技能大师工作室建设工作，娃哈哈于2012年建立机修钳工技能大师工作室，并于2015年成功通过杭州市认定，利用工作室师资开展"传帮带"和技能培训的同时组织工作室技术力量进行疑难问题攻关和技术创新。2016年，娃哈哈还将积极响应国务院办公厅和浙江省人社厅相关号召启动企业技能人才自主评价工作，实现内部岗位技能鉴定体系和国家职业资格鉴定系统的有效对接。

据悉，中国工业职业教育奖是中国工业合作协会给在工业职业教育中取得显著成绩的工业企业、工业职业院校（含企业大学）、教育培训机构等单位颁发的奖项，是我国工业职业教育领域最具影响力的奖项，包括中国工业职业教育先进单位、中国工业职业教育先进个人等。

相关链接》》》

李强省长盛赞娃哈哈食品安全工作：对社会负责、对企业负责

2015年2月16日，浙江省委副书记、省长李强在浙江省副省长朱从玖、杭州

市市长张鸿铭等领导陪同下，来到娃哈哈下沙乐维基地检查食品安全工作，盛赞娃哈哈做得不错，“对社会负责、对企业负责”，体现了大企业高度的负责任精神。

2015年2月16日上午9时30分许，李强一行在娃哈哈董事长宗庆后带领下，直奔精机公司装配车间。他饶有兴趣地一边走一边看，不停询问宗庆后。当得知娃哈哈是食品饮料行业唯一具备自行研发、自行设计、自行安装工业机器人能力的企业时，李强十分高兴。

在串联机器人、并联机器人、机器人码垛机等设备前，李强一行不停驻足观看视频，向工程技术人员详细了解高端伺服电机、高端伺服驱动器、精密减速器等机器人核心技术情况。在展台前，他还兴致勃勃地拿起一个并联机器人的杆件，询问技术人员是用什么材料做的，密度多少，十分专业。

据了解，“十二五”科技重大专项课题“高速搬运机器人及其物流生产线关键技术与示范”已经通过省级新产品鉴定，达到国内领先水平。如今，工业机器人已用于娃哈哈生产线上产品装箱、码垛等领域，大大减轻了工人的劳动强度，提高了产品质量和生产效率，技术装备水平得到了提升。

食品安全是事关人民群众生命安全的大事。参观完工业机器人后，李强一行在宗庆后陪同下来到研发中心了解食品安全风险评估体系。在大楼入口处，当李强看到娃哈哈分析中心通过国家级实验室认证，达到“一次检测、全球通用”时，不停点头。在分析中心实验室，参观了气质联用器、液相色谱、离子色谱等先进仪器，向技术人员讲解塑化剂和三聚氰胺的检测分析以及水源监测情况。听到娃哈哈全国各地分公司都配备这些仪器，能对所有产品从源头开始到出厂进行分析评估，李强赞许说：“娃哈哈这是对社会负责，对企业负责。”

李强省长莅临公司视察、检查，给娃哈哈人增添了无穷动力。娃哈哈将一如既往地做好食品安全工作，不断钻研高新技术，继续做大做强，为社会做出更大的贡献。

……………………………………………………………………

第二节　娃哈哈慈善基金会

简介

娃哈哈集团有限公司20多年来一直致力于慈善事业，为了更专注地做好这一事业，于2009年7月1日，注资1000万元正式成立了浙江省娃哈哈慈善基金会（非公募慈善基金会）。

宗旨

产业报国、泽被社会，让爱无所不在。

理事会构成

本基金会由5名理事组成理事会，理事每届任期为5年，任期届满，可以连选连任。设立1名监事，监事任期与理事任期相同，期满可以连任。

【拓展阅读】

宗庆后的公益观

（1）企业应依法纳税，为社会创造财富，推动社会进步；同时，要为社会创造有价值、安全的产品，还要最大限度地满足员工身心发展的需求。这是企业家对国家和社会、对广大消费者、对企业员工的责任。

（2）救急不救穷，慈善不仅仅是简单的现金捐赠，而更应该在一些困难的地方做投资，带动就业，上缴税收，带动当地经济的成长，促进当地人观念的转变。不是‘输血式’而是‘造血式’扶贫。

（3）中国企业做慈善应该比国外的企业做得更好，美国的企业做慈善是合理避税，中国的很多企业每次碰到自然灾害都出手赞助。

（4）最希望能有笔类似诺贝尔奖奖金的基金，鼓励国人在科研开发上的创新。

相关链接 》》

娃哈哈荣获第五届“浙江慈善奖”机构捐赠奖

2016年12月28日下午，以“慈善之光”为主题的第五届“浙江慈善奖”颁奖活动在浙江电视台举行，娃哈哈集团以在公益慈善领域的突出贡献，荣获第五届浙江慈善奖“机构捐赠奖”。活动中，浙江省委副书记、代省长车俊接见获奖代表并发表讲话，葛慧君、厉志海、熊建平、陈加元、张晓林等省领导出席颁奖典礼。娃哈哈党委书记吴建林代表公司接受颁奖。

“浙江慈善奖”是浙江省公益慈善领域政府最高奖，此次荣获机构捐赠奖，是公司时隔十年再次荣获该奖项，体现了娃哈哈勇担社会责任的企业公民典范风采。自成立以来，娃哈哈一直坚持“办企业就要为人民大众谋福利”的理念，始终弘扬“产业报国、泽被社会”的社会道义。多年来，公司公益慈善捐款逾5亿元，其中，对教育事业的捐助达3亿元。作为杭州市“春风行动”捐款大户，自2000年以来，娃哈哈已累计捐款6460万元，帮助16874名困难学生圆了“大学梦”。2012年，与中国扶贫基金会共同发起娃哈哈营养快线一瓶一分“筑巢行动”，捐赠近3000万元，援建8省、26县、52所学校，帮助贫困地区儿童解决宿舍之困，让孩子们拥有自己的温暖床铺。在国家和社会遇到自然灾害和公共危机时，娃哈哈也总是第一时间捐款捐物，共渡难关。2008年汶川大地震、2010年西南旱灾、2013年雅安地震、2014年云南鲁甸地震，娃哈哈累计捐款捐物近2500万元，同时，捐赠1000万元专款用于雅安震区重建——溪桥工程项目，在受灾地区建造100座爱心桥，帮助解决了3万多名当地居民出行难、过河难的基本问题。

娃哈哈将公益慈善当作公司的事业精心耕耘，不仅在浙江省内广受赞誉，在全国也屡获好评。近日，公司积极践行精准扶贫的案例，成功入选中国扶贫基金会和中国社会科学院联合发布的《企业扶贫蓝皮书》，并获评“2016企业扶贫优秀案例”。此外，公司曾先后获得2008年、2011年中华慈善奖，2011年度最具社会责任企业奖，2014年度中国扶贫“突出贡献奖”“全国东西扶贫协作先进集体”“国家西部大开发突出贡献集体”，连续五届蝉联“中国最受尊敬企业”，荣膺希望工程“25年杰出贡献奖”等多项荣誉。未来，娃哈哈也会在肩负社会责任、共建和谐社会的道路上继续前进，为浙江发展、国家振兴、民族富强贡献力量！

相关链接》》

娃哈哈：社会责任除了捐款还有更多

2016年9月，媒体关于“巴比”慈善晚宴的报道，使“慈善”、企业“社会责任”成为国人关注的焦点话题。其实，就履行企业社会责任而言，既是政府、社会各界对企业提出的要求，也是企业必须承担的义务。但是，每一个企业，对如何更好地承担社会责任，都会有自己独到的理解和做法。娃哈哈以自身长期的实践表明：企业承担社会责任，除了捐款还有更多的选择，发展经济、上缴税收、提供就业才是企业最主要的责任，也只有这样才能更持久地担负起责任。

各种公益慈善捐款超过2.83亿元

企业经济发展是最主要的，在此基础上如果有能力也可以做些慈善事业。作为娃哈哈，因为是从一家校办企业发展起来的，因此，其最初帮助的就是教育系统的学校和老师。20世纪80年代，娃哈哈成立没几年，就为区里的每一位老师发放午餐补贴，每月50元，20多年来从未间断。

“再苦不能苦孩子，再穷不能穷教育。”杭州市上城区有一所小学校舍陈旧，而且因为学校狭小，孩子们没有操场可以活动。了解这一情况后，娃哈哈就拿出1500万元帮助小学校进行改建。改建后的学校面貌一新，不仅有了崭新的校舍，而且有了现代化的教学设备，硬件设备在杭州市数一数二。

希望工程作为慈善事业，为中国广大的中西部地区送去了希望。在全国众多希望小学中，有20多所是娃哈哈捐助的。“娃哈哈慈善基金会”在2009年还招募100名爱心支教志愿者前往四川、贵州的贫困山区支教，娃哈哈为他们发放生活补助。

救急，也是慈善的本意。每当在急难时刻，娃哈哈都会率先行动。浙江沿海的台州地区夏季经常遭受台风侵袭，有一年台风席卷苍南县，家园被毁的人们缺少干净的饮用水。当时正值娃哈哈发货旺季，公司却硬是截留了10多辆车的瓶装水，连夜运往苍南。

在2008汶川地震、2010玉树地震发生时，娃哈哈与关切灾区的许多企业一样，第一时间伸出援手，捐款捐物。2010年西南五省大旱，娃哈哈慈善基金会急调“及时雨”，将价值1700多万元的纯净水陆续送到灾民手中。

除救急救难、支援教育之外，娃哈哈还帮助社会弱势群体，资助各种文化事业，多年坚持拥军优属，不一而足。据统计，娃哈哈成立23年来，累计支援教育事业的经费达1.77亿元，资助其他社会公益事业1.05亿元，在社会公益慈善方面的总投入超过2.83亿元。

数百万人从娃哈哈发展中受益

中国是世界上人口最多的发展中国家，最大限度地创造就业，是社会稳定和发展的大计。通过就业增加消费，也是促进经济长期持续健康发展、保障和改善民生的头等大事。作为国民经济的细胞，企业的主要社会责任之一是保障就业。

娃哈哈经过20多年的发展，成为一个年产销值达数百亿元的饮料龙头企业，吸纳了3万多名员工就业，其中来自欠发达地区农村的员工占80%以上。尤其在娃哈哈100多家外地分公司，员工都是直接从当地招募，吸收了2万多人就业。在金融危机冲击最为严重的2008年、2009年，娃哈哈不仅没有裁员，还在全国投资60多亿元，增加了大量生产线，增加了上万工作岗位。

一家大企业，除直接解决就业之外，其辐射作用也是相当强的。一些产业链长的企业，相关就业人员会几十倍、上百倍地超过直接就业人员。如娃哈哈，通过在全国各地建厂，间接带动原材料、包装材料、水电、运输等相关行业150万人就业。此外，还有大量为娃哈哈销售的商户，估计经销商有6000多家、二批商达2万多家和数以百万计的零售商。随着娃哈哈的快速增长，从中受益的供应商、经销商队伍还会越来越庞大。

农业是安天下、稳民心的战略产业，如何让8亿农民受益，一直是政府工作的重点和难点。娃哈哈从生产第一支产品“儿童营养液”开始，就通过采购农副产品与农民打交道。企业通过大力发展农副产品深加工项目，主营产品中茶饮料、果汁饮料、乳及乳饮料、八宝粥、方便面等产品都是以农产品为主要原料深加工而成。据统计，娃哈哈每年采购价值数十亿元的农副产品，通过“企业+农户”的模式，增加了农民收入，促进农村面貌改变，推动农业结构调整。23年来，娃哈哈累计采购各类农副产品价值230亿元，带动了上百万农民就业。

在贫困地区投资高达50多亿元

在人们的印象中，西部贫困地区、老少边穷地区条件相对艰苦，观念落后，不适合企业投资。但我们稍加留意，就会发现一个奇特的现象，娃哈哈在外地投资建厂的地方，如重庆涪陵、四川广元、湖北红安等，不是三峡库区、国家级贫困区，就是革命老区等欠发达地方。

娃哈哈为什么要反其道而行之？从宗庆后的话中可以找到答案。他说，“扶贫济困”是先富起来的企业应尽的责任，如果贫困地区得不到发展，最终会影响到整体的发展。而且他认为如果对贫困地区采取捐赠的方式，只能受益一时；只有变“输血”为投资办厂的“造血”式扶贫，才能保证贫困地区长期受益、可持续发展。

事实上也是如此。无论是娃哈哈的首家外地公司涪陵，还是之后的广元、红安、宿迁等公司，依靠输入娃哈哈产品、技术和品牌优势，都是建一个赢一片，取得较好的经济效益，同时带动了包装、运输、农业等相关行业的发展。由于在扶贫工作上的成绩，娃哈哈先后获得“全国对口支援三峡工程移民工作先进单位”“全国东西扶贫协作先进集体”“国家西部大开发突出贡献集体”等荣誉称号。

据了解，娃哈哈仅在西部和老少边穷地区就投资了50多亿元，建立了60多家分公司，累计实现销售收入300多亿元，上缴税金将近20亿元。有专家指出，这种“造血”式的扶贫，不仅使地方财政收入增加，当地人民生活得到实惠，相关产业受到拉动，更重要的是带去娃哈哈先进的管理思想、观念和技术，促使贫困地区传统落后观念的转变，从根本上提升自我发展的能力。

中国有句古话说得好：授人以鱼不如授人以渔，传授给人既有知识，不如传授给人学习知识的方法。同样，娃哈哈在尽到捐赠慈善责任的同时，还以实实在在的行动承担着发展经济、上缴税收、创造就业、帮助贫困地区脱贫等更多、更大、更有意义的责任。

【拓展阅读】

浙江省娃哈哈慈善基金会章程

第一章　总则

第一条　本基金会的名称是浙江省娃哈哈慈善基金会。

第二条　本基金会属于非公募基金会。

第三条　本基金会的宗旨：产业报国、泽被社会，让爱无所不在。动员、鼓励娃哈哈集团所属企业、各类社会团体或个人捐资捐物，为发展慈善事业贡献力量。

第四条　本基金会的原始基金数额为人民币壹仟万元整，来源于杭州娃哈哈集团有限公司及其下属企业。

第五条　本基金会的登记管理机关是浙江省民政厅，业务主管单位是浙江省民政厅。

第六条　本基金会的住所：浙江省杭州市。

第二章　业务范围

第七条　本基金会公益活动的业务范围。

（一）助残，帮助残疾人恢复健康；

（二）助孤，义务助养孤儿；

（三）助学，扶持家庭经济困难学生入学，奖励优秀学生；

（四）助教，资助农村、贫困地区的教育事业；

（五）其他赈济灾民等慈善工作。

第三章　组织机构、负责人

第八条　本基金会由5名理事组成理事会。

本基金会理事每届任期为5年，任期届满，可以连选连任。

第九条　理事的资格：

（一）热心公益事业；

（二）愿为基金会捐赠财产或愿为本基金会工作；

（三）拥护本基金会宗旨的优秀公民。

第十条　理事的产生和罢免。

（一）第一届理事由业务主管单位、主要捐赠人、发起人分别提名并共同协商确定；

（二）理事会换届改选时，由业务主管单位、理事会、主要捐赠人共同提名候选人，并组织换届领导小组、全部候选人共同选举产生新一届理事；

（三）罢免、增补理事应当经理事会表决通过，报业务主管单位审查同意；

（四）理事的选举和罢免结果报登记管理机关备案；

（五）具有近亲属关系的不得同时在理事会任职。

第十一条　理事的权利和义务：

理事的权利：

（一）选举权和被选举权；

（二）表决权；

（三）建议权和批评权；

（四）参与本会内部事务的管理权；

（五）符合本基金会章程的其他权利。

理事的义务：

（一）履行章程的义务；

（二）执行决议的义务；

（三）承办委托事务的义务；

（四）维护本会声誉的义务；

（五）符合本基金会章程的其他义务。

第十二条　本基金会的决策机构是理事会。理事会行使下列职权：

（一）制定、修改章程；

（二）选举、罢免理事长、副理事长、秘书长；

（三）决定重大业务活动计划，包括资金的募集、管理和使用计划；

（四）年度收支预算及决算审定；

（五）制定内部管理制度；

（六）决定设立办事机构、分支机构、代表机构；

（七）决定由秘书长提名的副秘书长和各机构主要负责人的聘任；

（八）听取、审议秘书长的工作报告，检查秘书长的工作；

（九）决定基金会的分立、合并或终止；

（十）决定其他重大事项。

第十三条　理事会每年召开2次会议。理事会会议由理事长负责召集和主持。

有1/3理事提议，必须召开理事会会议。如理事长不能召集，可提议理事任临时召集人。

召开理事会会议，理事长或召集人需提前5日通知全体理事、监事。

第十四条　理事会会议须有1/2以上理事出席方能召开；理事会决议须经出席理事过半数通过方为有效。

下列重要事项的决议，须经出席理事表决，2/3以上通过方为有效：

（一）章程的修改；

（二）选举或者罢免理事长、副理事长、秘书长；

（三）章程规定的重大募捐、投资活动；

（四）基金会的分立、合并或终止。

（五）其他对本基金会有重大影响的决议。

第十五条　理事会会议应当做出会议记录。形成决议的，应当当场制作会议纪要，并由出席理事审阅、签名。理事会决议违反法律、法规或章程规定，致使基金会遭受损失的，参与决议的理事应当承担责任。但经证明在表决时反对并记载于会议记录的，该理事可免除责任。

第十六条　本基金会设监事1名。监事任期与理事任期相同，期满可以连任。

第十七条　理事、理事的近亲属和基金会财会人员不得任监事。

第十八条　监事的产生和罢免：

（一）监事由主要捐赠人、业务主管单位共同选派；

（二）登记管理机关根据工作需要选派；

（三）监事的变更依照其产生程序。

第十九条　监事的权利和义务。

监事依照章程规定的程序检查基金会财务和会计资料，监督理事会遵守法律和章程的情况。

监事列席理事会会议，有权向理事会提出质询和建议，并应当向登记管理机关、业务主管单位以及税务、会计主管部门反映情况。

监事应当遵守有关法律、法规和基金会章程，忠实履行职责。

第二十条 理事和监事不得从基金会获取报酬。

第二十一条 本基金会理事遇有个人利益与基金会利益关联时，不得参与相关事宜的决策；基金会理事、监事及其近亲属不得与基金会有任何交易行为。

第二十二条 理事会设理事长、副理事长和秘书长，从理事中选举产生。

第二十三条 本基金会理事长、副理事长、秘书长必须符合以下条件：

（一）在本基金会业务领域内有较大影响；

（二）理事长、副理事长、秘书长最高任职年龄不超过70周岁，秘书长为专职；

（三）身体健康，能坚持正常工作；

（四）具有完全民事行为能力。

第二十四条 有下列情形之一的人员，不能担任本基金会的理事长、副理事长、秘书长。

（一）属于现职国家工作人员的；

（二）因犯罪被判处管制、拘役或者有期徒刑，刑期执行完毕之日起未逾5年的；

（三）因犯罪被判处剥夺政治权利正在执行期间或者曾经被判处剥夺政治权利的；

（四）曾在因违法被撤销登记的基金会担任理事长、副理事长或者秘书长，且对该基金会的违法行为负有个人责任，自该基金会被撤销之日起未逾5年的。

第二十五条 担任本基金会理事长、副理事长或者秘书长的香港居民、澳门居民、台湾居民以及外国人，每年在中国内地居留时间不得少于3个月。

第二十六条 本基金会的理事长、副理事长、秘书长每届任期5年，连任不超过两届。因特殊情况需超届连任的，须经理事会特殊程序表决通过，报业务主管单位审查并经登记管理机关批准同意后，方可任职。

第二十七条 本基金会理事长为基金会法定代表人。本基金会法定代表人应当由中国内地居民担任。

第二十八条 本基金会理事长行使下列职权：

（一）召集和主持理事会会议；

（二）检查理事会决议的落实情况；

（三）代表基金会签署重要文件；

（四）提议聘任或解聘副秘书长以及财务负责人，由理事会决定；

（五）提议聘任或解聘各机构主要负责人，由理事会决定；

（六）决定各机构专职工作人员聘用；

（七）章程和理事会赋予的其他职权。

本基金会副理事长、秘书长在理事长领导下开展工作，秘书长行使下列职权：

（一）主持开展日常工作，组织实施理事会决议；

（二）组织实施基金会年度公益活动计划；

（三）拟定资金的筹集、管理和使用计划；

（四）拟定基金会的内部管理规章制度，报理事会审批；

（五）协调各机构开展工作；

（六）章程和理事会赋予的其他职权。

第四章　财产的管理和使用

第二十九条　本基金会为非公募基金会。本基金会的收入来源于：

（一）娃哈哈集团及所属企业捐赠；

（二）各类社会团体和个人捐赠；

（三）港澳台同胞和海外华侨团体、个人捐赠；

（四）投资收益；

（五）基金会合法收入；

（六）其他。

第三十条　本基金会的财产及其他收入受法律保护，任何单位、个人不得侵占、私分、挪用。

第三十一条　本基金会根据章程规定的宗旨和公益活动的业务范围使用财产；捐赠协议明确了具体使用方式的捐赠，根据捐赠协议的约定使用。

接受捐赠的物资无法用于符合本基金会宗旨的用途时，基金会可以依法拍卖或者变卖，所得收入用于捐赠目的。

第三十二条　本基金会财产主要用于：

（一）帮助残疾人恢复健康、疾病治疗；

（二）助养孤儿生活、学习；

（三）资助困难学生入学、奖励贫困优秀学生；

（四）资助农村贫困地区的教育，修建校舍，提供学习用品；

（五）赈济灾民；

（六）其他公益性工作。

第三十三条　本基金会的重大捐赠、投资活动是指：

（一）一次性捐赠在100万元以上的捐赠活动；

（二）一次性投资在100万元以上的投资活动；

（三）其他理事会认为对本基金会影响重大的活动。

第三十四条　本基金会按照合法、安全、有效的原则实现基金的保值、增值。

第三十五条　本基金会每年用于从事章程规定的公益事业支出，不得低于上一年基金余额的8%。

本基金会工作人员工资福利和行政办公支出不超过当年总支出的10%。

第三十六条　本基金会开展公益资助项目，应当向社会公开所开展的公益资助项目种类以及申请、评审程序。

第三十七条　捐赠人有权向本基金会查询捐赠财产的使用、管理情况，并提出意见和建议。对于捐赠人的查询，基金会应当及时如实答复。

本基金会违反捐赠协议使用捐赠财产的，捐赠人有权要求基金会遵守捐赠协议或者向人民法院申请撤销捐赠行为、解除捐赠协议。

第三十八条　本基金会可以与受助人签订协议，约定资助方式、资助数额以及资金用途和使用方式。

本基金会有权对资助的使用情况进行监督。受助人未按协议约定使用资助或者有其他违反协议情形的，本基金会有权解除资助协议。

第三十九条　本基金会应当执行国家统一的会计制度，依法进行会计核算、建立健全内部会计监督制度，保证会计资料合法、真实、准确、完整。

本基金会接受税务、会计主管部门依法实施的税务监督和会计监督。

第四十条　本基金会配备具有专业资格的会计人员。会计不得兼出纳。会计人员调动工作或离职时，必须与接管人员办理交接手续。

第四十一条　本基金会每年1月1日至12月31日为业务及会计年度，每年3

月31日前，理事会对下列事项进行审定：

（一）上年度业务报告及经费收支决算；

（二）本年度业务计划及经费收支预算；

（三）财产清册（当年度捐赠者名册及有关资料）。

第四十二条　本基金会进行年检、换届、更换法定代表人以及清算，应当进行财务审计。

第四十三条　本基金会按照《基金会管理条例》规定接受登记管理机关组织的年度检查。

第四十四条　本基金会通过登记管理机关的年度检查后，将年度工作报告在登记管理机关指定的媒体上公布，接受社会公众的查询、监督。

第五章　终止和剩余财产处理

第四十五条　本基金会有以下情形之一，应当终止：

（一）完成章程规定的宗旨的；

（二）无法按照章程规定的宗旨继续从事公益活动的；

（三）基金会发生分立、合并的。

第四十六条　本基金会终止，应在理事会表决通过后15日内，报业务主管单位审查同意。经业务主管单位审查同意后15天内，向登记管理机关申请注销登记。

第四十七条　本基金会办理注销登记前，应当在登记管理机关、业务主管单位的指导下成立清算组织，完成清算工作。

本基金会应当自清算结束之日起15日内向登记管理机关办理注销登记；在清算期间不开展清算以外的活动。

第四十八条　本基金会注销后的剩余财产，应当在业务主管单位和登记管理机关的监督下，通过以下方式用于公益目的：

（一）资助教育；

（二）扶贫赈灾。

无法按照上述方式处理的，应当在业务主管单位和登记管理机关的监督下，组织捐赠给与本基金会性质、宗旨相同的社会公益组织，并向社会公告。

第六章　章程修改

第四十九条　本章程的修改，须经理事会表决通过后15日内，报业务主管单位审查同意。经业务主管单位审查同意后，报登记管理机关核准。

第七章　附则

第五十条　本章程经2009年6月10日理事会表决通过。

第五十一条　本章程的解释权属于理事会。

第五十二条　本章程自登记管理机关核准之日起生效。

第三节　公益活动

春风行动

“春风行动”是杭州市委、市政府破解困难群众生活就业难的总载体、总抓手，是具有杭州特色的最低生活保障制度，被誉为帮扶困难群众的“杭州模式”。

从2000年杭州市开展第一次“春风行动”开始，娃哈哈始终如一地支持参与“春风行动”，积极帮助下岗职工及困难家庭解决生活就业问题。2009—2012年，娃哈哈连续4年每年捐款500万元，2013年以后更是每年捐款1000万元，至此娃哈哈向“春风行动”累计捐款数额达到6460万元，成为“春风行动”第一捐赠大户。这是娃哈哈集团的光荣，也是娃哈哈对杭州人民关爱的回馈。

更为难能可贵的是，在公司领导的带动下，许多娃哈哈的员工也积极参与到“春风行动”中，并先后捐款数十万余元。

娃哈哈“春风行动”捐款金额

年　份	金　额
2000年	501942元
2004年	100000元

（续表）

年　份	金　额
2006年	1000000元
2007年	3000000元
2009年	5000000元
2010年	5000000元
2011年	5000000元
2012年	5000000元
2013年	10000000元
2014年	10000000元
2015年	10000000元
2016年	10000000元

相关链接》》

又是1000万！娃哈哈助学“春风”暖人心

2017年1月6日下午，杭州市2017年“春风行动”动员大会在市民中心会议厅举行。娃哈哈等18家单位，由于在2016年帮扶救助工作中的突出贡献，荣获“春风行动”爱心奖并予以爱心碑留名褒扬。浙江省委常委、杭州市委书记赵一德在讲话中指出，组织开展“春风行动”捐款是弘扬杭州“最美”精神的生动实践，特别点赞像娃哈哈这样充满责任感的热心企业，希望获奖单位和个人继续为帮扶困难群众做出新的贡献。

“国家富强，教育是根本。”娃哈哈掌门人宗庆后动情地说，“回报社会，做点善事，是中华民族的美德。改革开放以来，人民群众生活水平大大提高了，但还有一部分人比较贫穷，主要原因是受教育程度低，劳动能力上有差异。娃哈哈开展‘春风’助学的目的，就是提高‘造血’功能，提供一个创造财富的手段，鼓励他们勤劳致富，这样才能实现真正脱贫。”

动员大会以视频会议形式召开，除了主会场，各区县（市）和杭州经济技术开发区、大江东产业集聚区管委会在当地设分会场。娃哈哈集团党委书记吴建林代表公司上台领奖。

杭州市“春风行动”办公室介绍，娃哈哈作为杭州市“春风行动”捐款大户，加上2017年的1000万元，已累计捐款7460万元，帮助16874人圆了大学梦。在2016年，全市共有3982名困难学生领到助学金。

娃哈哈是土生土长的杭州企业，公司发展不忘回报社会、回报家乡。从杭州市开展第一次“春风行动”以来，娃哈哈就带头参与，而且捐款额不断攀升。宗庆后说，在一次帮扶考察中，发现那里的村庄很漂亮，但仔细一了解，有些原本条件还可以的家庭因为生大病、负担高额的大学费用，变成了贫困户。因此，从2011年开始，冠名“娃哈哈·春风助学”，把捐款定向用于救助因学致贫的困难家庭大学生。迄今娃哈哈用于公益事业的捐款高达5亿元，其中教育支出3亿元。

支教行动

娃哈哈从校办企业起家，对教育事业一直有一种特殊的情怀，历年来累计捐赠教育类3亿多元。主要捐赠方向是为全国援建25所希望小学、浙江大学各类奖励基金、上城教育局奖励基金等。仅希望小学一项，娃哈哈先后捐资630多万元在全国援建25所希望小学；2012年启动“娃哈哈营养快线一瓶一分‘筑巢行动’”，捐赠2948万元帮助贫困地区儿童解决宿舍之困。

相关链接 》》

娃哈哈获评“希望工程25年杰出贡献奖”

2014年11月25日，旨在回顾历史、总结经验、表彰先进的“希望工程25年大会”在北京隆重召开。会上，杭州娃哈哈集团有限公司由于在希望工程发展中做出的重大贡献，被授予“希望工程25年杰出贡献奖”。

2014年是希望工程实施25周年。1989年10月，中国青基会宣布建立我国第一个“救助贫困地区失学少年基金”，实施希望工程。25年来，希望工程累计接受社会捐赠100.72亿元，援建希望小学18396所，帮助数百万失学孩子重返校园。

从小学校办工厂起家的娃哈哈，一直对教育怀着深厚的感情。企业创办以来就一直坚持反哺教育，如资助杭州市上城区建造小学校舍，开展娃哈哈营养快线一瓶一分“筑巢行动”等。2007年，在娃哈哈成立20周年之际，娃哈哈向中国青基会捐款550万元，在重庆涪陵、湖北红安、河南南阳、黑龙江双城、新疆昌吉等地建了22所希望小学。

地处重庆涪陵的“义和镇娃哈哈希望小学”，就是其中的一所。2007年9月，由娃哈哈捐资25万元和涪陵区人民政府配套资金50万元共同兴建，2008年6月竣工。学校占地8900平方米、建筑面积3180平方米，可容纳600名学生就读。

据悉，娃哈哈一直秉承“产业报国、泽被社会”的经营理念，在自身获得快速发展的同时，积极回馈社会，履行社会责任。一方面通过在西部和老少边穷地区投资建厂，帮助当地经济发展；另一方面积极投身各类社会公益事业，累计为慈善事业捐赠4.43亿元，其中资助教育近3亿元。

赈灾救助

娃哈哈集团有限公司积极开展赈灾救助活动。主要捐赠方向为旱涝灾害、地震等社会公共危机。

汶川大地震

2008年5月，汶川大地震发生后，娃哈哈克服自身有2个厂区遭受地震破坏的困难，加班加点，在第一时间向灾区送去物资，累计向灾区捐款捐物1500多万元，还承诺提供1500个岗位，解决灾民的就业问题。

西南旱灾

2010年春季，西南5省遭遇一场世纪大旱灾，娃哈哈集团当即捐款850多万元，帮助各级政府和灾民共渡旱灾难关。

雅安地震

2013年4月20日，四川省雅安市芦山县发生里氏7.0级地震，娃哈哈集团心系灾区同胞，于地震当天紧急运送百万瓶水、饮料、八宝粥援助灾区，并积极响应中国扶贫基金会号召，捐赠1000万元用于灾后重建项目。

相关链接 》》

娃哈哈救灾启示：细节感动中国

患难见真情，细节感动中国。

2008年5月12日，汶川发生了里氏8.0级大地震。在抗震救灾中，作为社会公民的企业，特别是一些民族企业，争相慷慨解囊，义不容辞地承担起那份沉甸甸的社会责任，给大爱无疆做着最好的注释！

民族企业娃哈哈集团及其总裁宗庆后，正是这样一个典型例子。

宗庆后是在用情用心地处理抗震救灾的每个细节。追求效益最大化是企业的本能，作为一名民族企业家，宗庆后追求捐助效益最大化，体现的是其理智和强烈的社会责任感。一位企业文化专家褒奖说：娃哈哈在抗震救灾中对细节的关注，彰显其“以人为本”的理念贯穿在企业运营的各个环节，为企业的健康发展指明了方向，赢得了社会尊重。

大度捐助体现的是良心，关注细节体现的是爱心。娃哈哈的捐助环环相扣，步步深入，集良心和爱心于一体，体现了宗庆后心思缜密，爱心绵密。

灾情就是命令。地震发生后，宗庆后第一时间命令成都分公司火速调拨20万瓶矿泉水和饮料援助灾民，其后再度划拨200多万瓶矿泉水、18万桶方便面捐献灾区。当地房舍被毁，废墟遍地，饮水和温饱成为问题，这些水和食物对灾民生存的重要性是在金钱之上的。

钱重要，但“好钢用在刀刃上”更为重要。在灾难面前，孩子是弱势群体，更是灾区的未来和希望。校舍成为废墟，孩童流离失所，深深地刺痛宗庆后的心。如果一定要取舍，宗庆后选择托举灾区的“太阳”和希望。所以，捐款时宗庆后明确指出：娃哈哈捐款给孩子建设校舍用。

捐钱捐物或许可以解救灾民一时之困，但宗庆后认为救一时不如救一世。娃哈哈集团最近向四川省民政厅发函，愿意为1000～1500名灾民提供就业机会。这消息让很多国人为娃哈哈的义举击节叫好。这招的高明之处在于就业机会的提供，可以帮助灾民解决一辈子的困难。提供一个就业机会就是帮助一个家庭长期解决生存问题，提供1500个就业机会就是帮助1500个家庭解决长期生存问题。

古人说得好：授之以鱼不如授之以渔。授鱼或许可以解决暂时温饱，但授渔才是长久之计。一位网友评价说：娃哈哈给灾民提供就业机会，是“善莫大焉”之举！提供就业机会不仅帮助灾民解决眼前困难，而且帮助灾民解决长远困难，实现自力更生和自救。

娃哈哈提供的1500个就业机会比捐款1500万元更有意义和价值。家园可以重建，但心灵创伤却是一辈子的。娃哈哈给灾民提供就业机会，不仅大大加快了家园重建步伐，更是治疗灾民心灵创伤的一剂良药，为灾民点燃了一盏希望的灯火。

相关链接 》》

心系雅安灾区，娃哈哈捐赠百万瓶饮料

2013年4月20日晨8时2分，当大部分人还刚刚从周末早晨的睡梦中醒来的时候，一场灾难降临到美丽的四川雅安。据国家地震台网确认，四川省雅安市芦山县发生里氏7.0级地震，地震已造成了上千人伤亡和财产损失。消息传来，全国人民为之悲痛，纷纷通过各种方式表达对震区的关心，并想方设法为抗震救灾贡献自己的力量。

娃哈哈集团董事长宗庆后当时正在欧洲考察，由于时差的关系，北京时间20日中午，他才知晓地震的消息。在了解到地震造成人员伤亡后，宗庆后的心情很沉重。除了电话了解在四川成都和广元的娃哈哈生产基地的员工安危外，他还第一时间指示杭州总部尽快与四川前线的抗震救灾部门取得联系，了解灾区的状况和需求。他特别指示杭州总部和四川分公司以支援灾区为第一任务，为灾区准备

应急的物品，并争取尽快送到灾区，送到雅安人民手中。

与此同时，娃哈哈总部和四川的员工也放弃了周末休息，纷纷来到公司，一方面通过网络、电视等媒体关注震灾动态；另一方面紧急协调各项资源，了解调度四川成都和广元的生产基地以及经销商库存。短短的时间内，筹备了100万瓶的瓶装水、八宝粥等物品，联系和通过红十字会将应急物资尽快送到雅安和芦山救灾。

娃哈哈集团成立26年以来，始终弘扬由集团公司使命和愿景诞生而来的“产业报国、泽被社会，让爱无所不在”的公益理念，积极投身各类社会公益事业。

娃哈哈集团董事长宗庆后多次表示，自己是在祖国改革开放政策下发展起来的第一代民营企业家，对国家和人民有着深深的感恩之心，也一直希望可以借助自己和企业的力量，尽可能多地为社会做贡献。他和娃哈哈全体员工此刻都在为四川雅安祈祷，希望雅安可以早日走出困境，也希望更多的人能够奉献自己的爱心，一起帮助雅安人民共渡难关。

相关链接》》

娃哈哈关注鲁甸灾区　爱心接力

2014年8月3日16时30分，云南省昭通市鲁甸县发生6.5级地震。大量房屋倒塌，人员伤亡十分严重，震后暴雨导致灾区急缺饮用水及各种生活物资。

2014年8月4日中午，杭州娃哈哈集团董事长宗庆后得知灾区群众用水发生困难时，立即指示云南昆明分公司及西双版纳分公司紧急调运20万瓶富氧水和25万瓶红飘纯净水第一时间运到灾区，确保“灾区人手一瓶娃哈哈水”。2014年8月5日上午，娃哈哈集团决定再追加灾区急需的娃哈哈八宝粥45万罐用于灾区，争取让每一位灾民及救助官兵，都能吃上干净的食物、喝上干净的水。

为了早日把救灾物资送到灾民手中，娃哈哈云南分公司的员工全部上阵，参与到搬运、装货、卸货的爱心接力中，连夜将物资送到鲁甸，分发到灾民手中。

参考文献

[1] 李丹超. 娃哈哈集团董事长宗庆后谈2017年的“小目标”[N]. 浙江日报，2017-02-04.
[2] 佚名. 娃哈哈荣膺G20杭州峰会特级赞助商冠名 峰会保障工作获各方肯定[EB/OL]. [2016-9-28]，http://www.wahaha.com.cn/news/1100.
[3] 朱国强，郭峰，连芳. 坚持与担当，让娃哈哈品牌更响亮[N]. 杭州日报，2016-2-6.
[4] 佚名. 宗代表有话说：让企业放手大胆地干[EB/OL]. [2015-3-7]，http://www.wahaha.com.cn/news/885.
[5] 佚名. 那些年宗代表提交过的建议[EB/OL]. [2015-3-11]，http://www.wahaha.com.cn/news/888.
[6] 佚名. 杭商大学精董班走进娃哈哈 宗校长妙言传授创业之道[EB/OL]. [2016-12-18]，http://www.wahaha.com.cn/news/1128.
[7] 佚名. 年轻人如何创业，听宗代表怎么说[EB/OL]. [2016-3-3]，http://www.wahaha.com.cn/news/1033.
[8] 刘文婷. 娃哈哈荣获“中国工业职业教育领军单位”称号[EB/OL]. [2016-6-28]，http://news.xinhuanet.com/food/2016-07/08/c_1119184867.htm.
[9] 陈文文. 饮料大王娃哈哈跨界试水“机器人”[N]. 浙江日报，2016-2-22.
[10] 朱国强，饶凌云，钱冰冰. 娃哈哈：工匠精神，品质担当[N]. 钱江晚报，2016-5-30.
[11] 佚名. 娃哈哈有了“杭州市技能大师工作室”[EB/OL]. [2015-9-6]，http://www.wahaha.com.cn/news/929.
[12] 夏芳. 娃哈哈否认整体上市 宗馥莉拟借壳自立门户[N]. 证券日报，2017-4-12.
[13] 李楠. 新包装 新理念 娃哈哈晶钻水引领纯净水市场[EB/OL]. 2016-6-16，http://news.xinhuanet.com/food/2016-06/16/c_129068506.htm.
[14] 张茜. 闻鸡起舞，娃哈哈畅游蓝海[N]. 湖北日报，2017-2-1.
[15] 周琳. 娃哈哈回应外界质疑：富氧水第三方检测合格[EB/OL]. 2014-5-28，新华网.
[16] 李海丽. 富氧水研究荣获国家科技进步二等奖[EB/OL]. 2014-5-30，http://hangzhou.zjol.com.cn/system/2014/05/30/020056168.shtml.
[17] 王婵. 腊八节新推养生粥 民族品牌娃哈哈探索用饮品传播国学[EB/OL]. [2017-1-4]，http://www.zj.xinhuanet.com/zjnews/20170105/3608263_c.html.
[18] 陈薇伊. 爱迪生奶粉荷兰生产商成为首批完成注册的备案企业[EB/OL]. [2014-5-14]，http://finance.chinanews.com/life/2014/05-14/6168351.shtml.
[19] 施晓娟. 杭州娃哈哈集团包揽2014妇博会三项大奖[EB/OL]. [2014-7-17]，http://www.ce.cn/cysc/sp/info/201407/17/t20140717_3178916.shtml.

[20] 丁举昌. 娃哈哈的“领酱国酒”打什么牌? [EB/OL]. [2013-11-12], http://www.cnbm.net.cn/article/ar610386325.html.

[21] 宗庆后. 引进国外先进技术,向高端制造业迈进[EB/OL]. [2016-10-19], http://www.wahaha.com.cn/news/1104.

[22] 佚名. 全球功能饮料市场发展现状分析[EB/OL]. [2016-6-24], http://www.ocn.com.cn/chanye/201606/zerio24093233.shtml.

[23] 李宗品. 宗庆后:娃哈哈暂不上市 海外战略首选东南亚[EB/OL]. [2009-11-5], http://finance.qq.com/a/20091105/005699.htm.

[24] 程超. 斥资百亿购进数百条生产线 娃哈哈逆势扩张进军国际市场[N]. 杭州日报, 2009-11-4.

[25] 宗庆后. 认清形势 抓住机遇 迎接新一轮经济发展高潮的到来[EB/OL]. [2014-10-22], http://biz.ifeng.com/finance/detail_2014_10/22/3048521_0.shtml.

[26] 李伟. 娃哈哈要做机器人 宗庆后考虑海外收购[EB/OL]. [2015-11-27], http://finance.qq.com/a/20151127/046630.htm.

[27] 佚名. 杭州娃哈哈集团有限公司2017年纸箱包装的招标公告[EB/OL]. [2017-1-9], 娃哈哈官方网站.

[28] 金晓岩. 娃哈哈经销商称缺爆款 一年营业收入少了200多亿元[N]. 华夏时报, 2016-9-6.

[29] 程琦. 范易谋:互联网时代需要政企合作发挥大数据作用[EB/OL]. [2016-11-6], http://shzw.eastday.com/shzw/G/20161106/u1ai9893805.html.

[30] 迟宇宙. 16年后宗庆后首度公开“达娃之争”内幕[EB/OL]. [2015-12-15], http://www.iceo.com.cn/com2013/2015/1215/300597.shtml.

[31] 佚名. 娃哈哈启力金罐新装上市,风云再起战红牛! [N]. [2015-11-2], http://www.foodaily.com/market/show.php?itemid=12541.

[32] 周子荑. 启力4年销售不如意 娃哈哈为何再战功能饮料? [EB/OL]. [2016-08-09], http://news.zgswcn.com/2016/0809/726930.shtml.

[33] 贾晓芸. 娃哈哈将设立基金吸引中以企业合作[N]. 杭州日报, 2016-10-19.

[34] 佚名. 娃哈哈艺术团与浙江电视台影视娱乐频道首次达成战略协议[EB/OL]. [2016-8-2], http://www.wahaha.com.cn/news/1069.

[35] 佚名. 中央电视台第一个可口可乐广告[EB/OL]. [2015-8-5], http://www.coca-cola.com.cn/packages/history/zydstdygkkklgd.

[36] 佚名. 百事公司荣获“世界500强年度最佳责任企业”称号[EB/OL]. [2016-8-2], https://www.pepsico.com.cn/media/2016-08-02.php.

[37] 佚名. 宗庆后:食品领域尚德守法不能仅靠自律[EB/OL]. [2016-6-15], http://www.wahaha.com.cn/news/1061.

[38] 朱国强. 中央媒体采访团走进娃哈哈 探寻企业转型升级之道[EB/OL]. [2016-3-18]，http://www.wahaha.com.cn/news/1038.

[39] 刘旭辉. 娃哈哈品牌价值夺冠 领跑全酒水饮料行业[EB/OL]. [2015-12-12]，http://www.chinanews.com/life/2015/12-16/7673142.shtml.

[40] 佚名. 质量让品牌更有含金量 娃哈哈以516.96亿元的品牌价值领跑“酒水饮料”类别[EB/OL]. [2015-12-16]，http://www.wahaha.com.cn/news/989.

[41] 佚名. 浙江娃哈哈昌盛方便食品有限公司建立实施诚信管理体系[EB/OL]. [2013-10-14]，http://www.wahaha.com.cn/news/559.

[42] 朱国强，郭峰，连芳. 坚持与担当，让娃哈哈品牌更响亮[N]. 杭州日报，2016-2-6.

[43] 左盛丹. 娃哈哈：29年传统年夜饭 简朴温情动人心[EB/OL]. [2017-1-26]，http://www.chinanews.com/cj/2017/01-26/8136442.shtml.

[44] 徐秀雰. 看娃哈哈怎样为员工谋福利[N]. 今日早报，2013-04-11.

[45] 彭燮. 杭州娃哈哈集团有限公司人力资源开发管理之道[EB/OL]. 中国质量报，2015-2-4.

[46] 刘文婷. 娃哈哈荣获“中国工业职业教育领军单位”称号[EB/OL]. [2016-6-28]，http://news.xinhuanet.com/food/2016-07/08/c_1119184867.htm.

[47] 朱国强. 李强省长盛赞娃哈哈食品安全工作：对社会负责、对企业负责[EB/OL]. [2015-2-27]，http://www.wahaha.com.cn/news/877.

[48] 佚名. 娃哈哈荣获第五届“浙江慈善奖”机构捐赠奖[EB/OL]. [2016-12-28]，http://www.wahaha.com.cn/news/1131.

[49] 郭炘蔚. 娃哈哈：社会责任除了捐款还有更多[EB/OL]. [2017-1-7]，http://jingji.cntv.cn/special/wahaha/20100913/102832.shtml.

[50] 佚名. 又是1000万！娃哈哈助学“春风”暖人心[EB/OL]. [2017-1-7]，http://www.wahaha.com.cn/news/1139.

[51] 曾高飞. 娃哈哈救灾启示：细节感动中国[EB/OL]. [2008-6-3]，http://news.qq.com/a/20080603/002990.htm.

[52] 佚名.娃哈哈获评“希望工程25年杰出贡献奖”[EB/OL].[2014-11-25]，http://www.wahaha.com.cn/news/829.

[52] 佚名. 心系雅安灾区，娃哈哈捐赠百万瓶饮料[N/OL]. 成都商报电子版，2013-4-21. http://e.chengdu.cn/html/2013-04/21/content_393182.htm.

[53] 谢凌宇. 娃哈哈关注鲁甸灾区 爱心接力[EB/OL]. [2014-8-8]，http://finance.china.com.cn/news/special/yndzzz/20140808/2598464.shtml.